信頼のしるし

信経とは何か

ローワン・ウィリアムズ
（第104代 カンタベリー大主教）
伊達民和◉監訳　芦屋聖マルコ教会翻訳の会◉訳

教文館

Tokens of Trust

An Introduction to Christian Belief

by

Rowan Williams

First Published in 2007 by the Canterbury Press Norwich
(a publishing imprint of Hymns Ancient & Modern Limited,
a registered charity)
13-17 Long Lane London EC1A 9PN

The following paintings by David Jones,
Used by permission of the Estate of David Jones

Book jacket: The Waterfall, *Afon Honddu Fach* (1926)
Title page: A Man for All Seasons, *Sanctus Christus de Capel-y-ffin* (1925)

推薦のことば

まず、この信仰についての良書を記してくださったローワン・ダグラス・ウィリアムズ大主教（以下ローワン大主教）に感謝をささげます。また翻訳に携わったみなさまに感謝を申し上げます。そして、翻訳事業という良き志を与えてくださった神さまに感謝します。

私は二〇〇九年九月に、桃山学院一二五周年・大学開学五〇周年記念式典で、ローワン大主教ご本人からのメッセージを傾聴する機会に恵まれました。そのメッセージの中で、次の言葉が大変心に残っています。その要旨は「今から一二五年前、この学院を創立した人びと（宣教師たち）は、イエス・キリストの中に神の満ち溢れる豊かさを見出した人びとであり、これから出合う人びともまた同じように神の満ち溢れる豊かさで満たされることを願ったのです」というメッセージでした。そして、何よりも私が感動したのは、ローワン大主教の声、姿、立ち居振る舞い、表情、学生たちへの眼差し、ご自身の存在そのものから、神の満ち溢れる豊かさが、伝わってくるということでした。ことばと身体性が一体となった方を目の当たりにしたのです。

第一章「誰を信頼することができるか」において、ローワン大主教は、「私たちの社会は信頼の危機に陥っている」という哲学者の言葉から語り始めています。この章を読みながら、私は小学校低学年の頃の苦い体験を思い出しました。父親の机の上に、今はもうおそらく、目にすることも手に入れることもできないノック式万年筆が置いてあるのを見つけました。ノックすると、ペン先が出てきました。メモ用紙に書いてみると、なめらかに書けるではありませんか。私は、この万年筆の仕組みはどうなっているのであろうか、好奇心に任せて、外せるところは全部外し、引っこ抜き、バネを外し、とうとうバラバラにしてしまいました。今から思うとそう複雑ではなかったはずなのですが、元に戻そうとして、結局訳が分からなくなり、元に戻すことができなくなってしまいました。途方にくれたわたしは、そのペンを不完全なまま、父の机の引き出しに入れて、その場を離れました。父親に報告も謝りもしなかったのですから、当然、父親にばれて、大目玉をくらうことになりました。

現代社会において、「信仰」ということを、説明しようとすればするほど、この万年筆のように、バラバラな状態となり、私たちはそのダイナミックさやすばらしさを見失っているのではないかと感じることがあります。

そうした時代情況の中で、聖公会きっての碩学《せきがく》であるローワン・ウィリアムズ大主教著『信頼のしるし』が翻訳出版され、私たちが手にし、目にすることができるようになったのは、時に適ったことと思います。バラバラとなっているものを、つなぎ合わせてくれる本です。ご存知のように、ローワン大主教は、第一〇四代カンタベリー大主教（在二〇〇二―二〇一二年）で、世界一六五か国で宣教活動に励むアングリカン・コミュニオンのトップ・リーダーとして、一〇年間活躍されました。世界のあちらこちらを訪問し、様々な人びとと対話を重ねた方です。現在も大学教授として学問・研究にいそしんでおられます。同師は祈りの人であると同時に、神学者として教父学、神秘主義、哲学、経済学、ロシア文学などに深い造詣を持っておられます。更に、本書を読まれると分かるように、詩（ご自身も詩人）、音楽や絵画を愛し、深い知識をお持ちの方です。その大主教が、復活日前のカンタベリー大聖堂で、初心者のことも念頭に語られたものに、手が加えられて著されたのが本書であります。

本書は、信仰について何か答えをわたしたちに与えようとするものではありません。真理に向かって信仰の旅をすることの面白さやすばらしさ、信仰の持つダイナミックさを回復させ、私たちの主イエス・キリストの中に満ち溢れる神の豊かさへと私たちを導くことを意図した一冊であります。現代社会においても、使徒信経やニケヤ信経の持つ強靭さや耐久性に、気づかせてくれる一冊です。

私は、みなさまが、個人で、また信仰の友と共に、教会の読書会で、洗礼、堅信準備に、信仰の入門書として、学校や神学校のテキストとして、本書を用いてくださることを心よりお勧めして、私からの推薦のことばとします。

二〇一七年七月

日本聖公会大阪教区主教

アンデレ 磯　晴久

日本語翻訳版に寄せる推薦文

この本は、カンタベリー大聖堂でローワン・ウィリアムズが行った一連の講話に基づいて書かれたものである。彼は、講話を通して、キリスト教について多くを知らないと思われる人びとにキリスト教を紹介している。本書でも、著者は講話で用いた簡潔で談話風の文体を踏襲しており、そうすることによって、キリスト教についてもっと学びたいと願う人たちにとって、講話が身近なものになるように配慮している。

ウィリアムズの著述には、ユニークな権威が見られる。彼は、第一〇四代カンタベリー大主教（在二〇〇二―二〇一二）であったとき、全世界の八五〇〇万人のアングリカンコミュニオン（聖公会）の最高指導者でもあった。彼は世界中のあちこちを訪問し、現在の世界で人びとが直面する信仰上の諸課題について直接的な知見をもっている。また、人びとが被っている苦難や、彼らが心に抱いている希望をこれまで見てきている。このような直接的な経験の故に、彼には、ヨーロッパの一部の神学者たちに見られる偏狭さがない。

彼は、もちろん、英国では最も有名で最も尊敬されている神学者であり、キリスト教の伝統について、聖書時代から今日まで、計り知れない知識を持っている。彼の著作は多岐にわたり、福音や、初期の教父たち、カトリックの神秘主義的な伝統、哲学、経済学、そして現代のロシア文学に関するものまでがある。彼ほど、知識が幅広く深みのある神学者は世界にいない。彼は、本来、学者であるが、詩人でもあり言葉の繊細さに並外れた感覚を持っている。英語とウェールズ語による彼の詩は、名声をもたらした。

ウィリアムズ大主教の著作本の特徴は、確信と謙虚さとが見事に調和していることである。多くの課題について、彼は自らのキリスト教信仰を踏まえて、はっきりと意見を述べる確信を持っている。今日、議論されている諸問題に――メディアから攻撃を受けても――取り組む勇気を発揮してきた。彼は、また、自分と意見の合わない人たちにも耳を傾け、彼らからも学ぼうとする謙虚さを持っている。彼の神学の核心にあるのは、信仰と対話は、決して互いに矛盾するものではないという信念である。異なる信仰の人びとや、信仰のない人びとと真剣に関わることを目指すことで、私たちの心と考え方は伸び広がるのである。

彼は常に、互いに異なる人びとに対する愛によって動機づけられている。偉大な神学者たる人は、愛そのものであると私たちが信じている神について書こうとするならば、愛に対する大きな度量と受容性を持っていなければならない。聖ヨハネは、次のように書いている。「愛する者たち、互いに愛し合いましょう。愛は神から出るもので、愛する者は皆、神から生まれ、神を知っているからです。愛することのない者は神を知りません。神は愛だからです」（Ⅰヨハネ四7―8）。

彼の思考と思いやりの源は、彼の徹底した祈りの生活によって養われ、また、同様に有名な神学者である妻ジェーンの夫としての生き方、また父としての生き方によっても養われている。現在、彼はケンブリッジに帰ってきて、モードリン・カレッジの学長である。頻繁に請われて講義や説教も続けている。

ローマカトリック　元ドミニコ会総長
テイモシィ・ラドクリフ

凡例

○表記は原則として、『聖書　新共同訳』に倣っています（マリア、ギリシアなど）。
○聖書に記載のない場合は、原則として、現地での発音に留意しています。
○本文中の（注）は、訳者による注です。
○段落などは原文に倣っています。
○字下げは読みやすくするために適宜使用しています。

目次

推薦のことば（磯　晴久）……1
日本語翻訳版に寄せる推薦文（ティモシィ・ラドクリフ）……5
日本語翻訳版に寄せる序文……13
序文……17
第一章　誰を信頼することができるか……23
第二章　愛のリスク……53
第三章　頼りがいのある人……81
第四章　平和の配当……107

第五章　神と共にあること……133
第六章　愛はいたるところにある……165
監訳者あとがき……195

日本語翻訳版に寄せる序文

この度、*Tokens of Trust: An Introduction to Christian Belief* の日本語翻訳が出版されることを心から光栄に思う。まず、翻訳者と出版社に対して衷心より感謝の念を表したい。本書の各章をとおして、キリスト教が、世界とそこに生きる人間を首尾一貫的に見る方法として詳しく理解する機会になることを願っている。

とは言え、本書は、信仰についてクリスチャンが考えている疑問の数々について十分に体系立てて論じることを意図して書かれたものではない。私の狙いは、ひとえに、信仰について最もよく知られている幾つかの主張を採り上げ、考察し、それらが、常に一つのテーマに帰結することを示そうとするものである。即ち、キリスト教は、信頼／信仰を寄せることができる神のストーリーをどのようにして具体的に提示していくかに関わっているということである。それ故に、それが本書のタイトルの根拠となっている。キリスト教の教義の詳細は、決して様々な概念それ自体を入念に論じることではない。むしろ、その教義の意図は、とりわけキリスト教の神が、数々の約束を守り、諸々のことにコミットメント（深い関わり合いの姿勢）を示している神であると見做すことができる理由をできるだけ明瞭に説明しようとするものである。話題が、イエス・キリストの生き方の中にある神の存在であろうと、また、教会が執り行うサクラメントの行為の意味であろうと、また、キリスト教が教えるような生き方であろうと、全ては一つの要点に戻る。即ち、神の愛には安定性と永続性があること、換言すれば、神は自らが造られたものを決して見捨てられないということである。

従って、キリスト教信徒の生き方は、このような安定性を反映しなければならない。個人的な関係において、また、社会における公正性や寛大性に対する考え方において、更には、住環境に対する配慮において、私たちに求められているのは、私たちの創造主と救い主の信頼性を反映するような、諸々のことにコミット（関与）する姿勢を示すことである。人間は誰もかけがえのない存在である。私たちの周りの世界を、使い捨てのできる消費財が限りなく存在する源であるかのように考えてはならない。政治の分野でも、私たちが忘れがちになる人びとのニーズに絶えず配慮したものでなければならない。今日の世界で私たちが必要とするのは、以前にも増して、信頼できるコミットメントのしるし——「信頼のしるし」——である。そのような世界では、信頼できる神の教義こそが、信頼できる人間生活を送る基盤である。

本書を書いた目的は、教義について語るだけではなく、このようなコミットメントの姿勢を、私たち相互関係に、ひいては世界にも奮起したいからである。その意味で、この本が新しい言葉で新しい読者のみなさんに提供されることに深く感謝している。また、それを契機にして、皆さんが、人びとが困窮し当惑している世界——信頼が不十分である世界——と関わり、行動を起こすだけでなく、ひいては、これまで述べた諸課題についてさらに深く考慮するように祈っている。

二〇一七年イースター　ケンブリッジ

ローワン・ウィリアムズ

序文

キリスト教会の初期の時代、その指導者にとって最も重要な職務の一つは、人びとが教会の生活に入るための準備をすることであった。通例、これはイースターの季節、夜の厳粛な儀式の中で行われた。その際、入信する人は衣服を剝ぎ取られて、水の中に浸けられ聖油を塗られた。イースターまでの数週間、それぞれの土地の主教、司祭は信仰の意味について広範囲な説教を行っていたのだろう。説教は、準備過程のクライマックスであり、その過程はひょっとすれば二〜三年を要しただろう。

今日では、そのようなことをしないが、イースター前の期間は、一年で最も重要な祝宴の準備をする中で、クリスチャンが自分の信仰の本質について考えるよい時である。私は、このことを念頭に置いて、二〇〇五年のイースター前の週にカンタベリー大聖堂でイースターの概要となる説教をいくつかすることにした。それは、キリスト教の信仰の内容を伝えるものとなるかもしれない。本書の内容は、このような説教で述べたことを少し拡大したものである。

執筆に際して、説教のときのように話を幾分談話風に進めるように心がけた。また、読者諸氏が聖書と教会の歴史について知識のあるなしを勝手に決めつけないように心がけた。大聖堂に私の説教を聞きに来た人たちの中には、教会に通う常連の信徒がいて、彼らは再教育を受けるつもりで出席していた。しかし、初心者もいたので、彼らの知識を実際よりも高く想定して説教をしているという感じを与えなかったことを願う。従って、知識ある読者には、私が既に分かりきったことを説明しても、忍耐をもって受け止めてほしい。

また、聖書からの引用を多くすることがあるので、理想的には読者の皆さんの傍らに聖書があればよいだろう。まず、知っておくべきことは、「旧約聖書」即ち「ヘブライ語聖書」に記録されているのは、神が、一〇〇〇年以上の期間に古代イスラエルの（ヘブライ語を話す）民族にどのように対処されたかに関する記録である。更には、「新約聖書」即ち「キリスト教聖書」には四つの福音書があり、それらはイエスの生涯について述べている。また、この聖書には、初代教会の時代に年配の指導者たちが、地中海の東部周辺に新たに創設されたキリスト教共同体に宛てた数多くの手紙も収められている。大部分の手紙は、パウロによるものである。実は、彼は、それまではキリスト教に激しく反対してきた。彼の劇的な回心は有名である。他の手紙は、私たちがあまり知らない人びとによって書かれたものだが、彼らは、キリスト教の初期の時代にイエスを知っていた人びとと非常に近い人たちである。

この時点で、全てのことにとって重要なのは、キリスト教信仰は、誰を、また、何を信じるべきかを知ることである。キリスト教が求めることは、先ずそこで語られる神を信じることであり、ある既存の制度のメンバーになることを求めるのは、その後のことである。いったん信じるという第一歩を踏み出したあとは、実際の教義、教理がどのようにそこから流れ出てくるかが明らかになることを願っている。キリスト教の教義がたいそう理に適っている理由は、その教義が、完全に信頼を寄せることができる神を信じることがどのような意味合いをもつかを探究することから発展したものだからである。

以上のことから、私たちは、全章を通して、様々な考え方だけを話題にするのではなく、考えること、行うこと、祈ることの間に起こる相互作用についても論じることにする。実際、そのような相互作用から、信仰を表明することが起こった。これらの信仰表明は、世界中の主要なキリスト教共同体の間で共有されており、キリスト教の歴史の最初の三〇〇年に具体化した。それは、教会がこれまで経験してきたすべての厄介な問題にもかかわらず、見事なほどに強靭であり耐久力があることが分かった。本文の前に載せてあるのは、最も歴史が古く、最も広まっている二つの「信経／信条（creed）」（ラテン語の「私は信じる（credo）」が語源）である。本書には絵を載せているが、それらは、読者が本文を読み、さらなる思索をする一助とするためである。絵の一部は、二〇世紀の偉大な詩人でもあり画家と彫版工でもあるデイビッド・ジョーンズによる作品である。彼の絵には、筆さばきと色の神秘的な軽やかさによって、私たちをはるかに深い世界の中に誘う手法が見られる。本書を通して、読者諸氏がキリスト教を信じることによって、世界を常に新しい視点で捉え、また、実際に表面上に見られるもの（その重要性は依然として変わることはないが）を踏まえながら、表面下にあるものをも見る素養を身につけることを願っている

（注・本書では、表紙と扉以外の絵は割愛）。

本文中の写真は、自らの生き方によって、聖書の言葉の意味を理解している人たちを紹介している。もし私が述べた信仰の概略の中にみなさんに心当たりがあれば、その原因は、大概は、本書で紹介するような信頼を寄せる価値のある人たちに会ったことがあるからであろう。彼らは、物事の深い意味を広く紹介しながら、実際の物質的世界でいかに生きるべきかの範を示している人びとであろう。写真を載せている意図は、そのような模範的な人びとのことをみなさんに思い起こしてもらうためである。彼らは、自らの生き方をとおして、信仰の意味を理解している人たちである。

最後に、私の話を本として出版することに協力してくださった人たちに深く感謝している。サラ・ウィリアムズとジョナサン・ジェニングスには、録音と文字への転換で世話になり、また、カンタベリー出版社のクリスティン・スミスは、原稿を本にするよう勧めてくださった。ジョナサン・グッダル、リンダ・フォスター、メアリ・マッシューは、原稿の校正と点検に多大なる貢献をしてくださった。また、大聖堂での説教を聞くために参集されたみなさんに感謝している。この方々は、週を通じてカンタベリーに滞在し、夜の説教の後も、祈りを捧げて、この集いの最初から最後まで、とても忍耐強く寛大な心をもって参加された。この本は、特に、そのような人たち全員とカンタベリーの全ての神の民のために書かれたものである。

二〇〇六年　諸聖徒日

ローワン・ウィリアムズ

〈使徒信経〉

わたしは、天地の造り主、全能の父である神を信じます。

また、その独り子、わたしたちの主イエス・キリストを信じます。主は聖霊によって宿り、おとめマリヤから生まれ、ポンテオ・ピラトのもとで苦しみを受け、十字架につけられ、死んで葬られ、よみに降り、三日目に死人のうちからよみがえり、天に昇られました。そして全能の父である神の右に座しておられます。そこから主は生きている人と死んだ人とを審くために来られます。

また、聖霊を信じます。聖なる公会、聖徒の交わり、罪の赦し、体のよみがえり、永遠の命を信じます

アーメン

（日本聖公会『祈祷書』より）

〈ニケヤ信経〉

わたしたちは、唯一の神、全能の父、天地とすべて見えるものと見えないものの造り主を信じます。

また、世々の先に父から生まれた独り子、主イエス・キリストを信じます。主は神よりの神、光よりの光、まことの神よりのまことの神、造られず、生まれ、父と一体です。すべてのものは主によって造られました。主はわたしたち人類のため、またわたしたちを救うために天から降り、聖霊によっておとめマリヤから肉体を受け、人となり、ポンテオ・ピラトのもとで、わたしたちのために十字架につけられ、苦しみを受け、死んで葬られ、聖書にあるとおり三日目によみがえり、天に昇り、父の右に座しておられます。また、生きている人と死んだ人とを審くため、栄光のうちに再び来られます。その国は終わることがありません。

また、主なる聖霊を信じます。聖霊は命の与え主、父と子から出られ、父と子とともに拝みあがめられ、預言者によって語られた主です。また、使徒たちからの唯一の聖なる公会を信じます。罪の赦しのための唯一の洗礼を信認し、死者のよみがえりと来世の命を待ち望みます　アーメン

（日本聖公会『祈祷書』より）

第一章　誰を信頼することができるか

わたしは、全能の父である神を信じます

数年前、イギリスの哲学者オノラ・オニールは、いくつかの放送講座の中で、私たちの社会は信頼の危機に陥っていると主張した。このような赤裸々な事実は、専門の哲学者の指摘を待つまでもないと思う。誰もが、彼女の言わんとすることを十分に認識しているからである。しかし、このような状態に関する分析があれば助かる。私たちは、諸々の事象に対して、しばしば冷笑的になっているが、それだけでなく、公人に対応するときも異常なほどの懐疑心を抱いている。更に心穏やかでないことは、社会の様々な大きな制度が自分たちのために機能していないと感じている。例えば、教育制度、医療サービス、警察について不満があり、それらを信用していない。議員についても同じである。しかし、このようなことは、私たちの社会に特有であるとは言い難い。他の場でも、制御不能になり、自分たちのために有利に機能しているとは思えない経済的政治的パターンに巻き込まれていると感じている。様々な事象が国境を越えていると気づくと、それは人類のために全く機能していない制度と感じるかもしれない。即ち、「グローバリゼーション」

は、実際の地域社会と個人から権限を奪い取る出来事と、良きにつけ悪しきにつけ、見られることが多い。いくつかの大企業や銀行で時々見られるとてつもない詐欺と特有の腐敗にまつわるストーリーは、事態の悪化に輪をかけている。それでも、遅ればせながら、人間どうしの通常の信頼や、ビジネスにおける人間関係構築の必要性を詳しく説く本が出版されている。これは歓迎すべきことであるが、残念ながら時すでに遅しである。私たちは疑り深くなってしまっている。

とは言え、疑念を抱くことが、多くの状況において役に立つこともある。いかなる民主主義においても批判的な見方は必要である。人から言われることをそのままに承諾しないことは健全である。しかし、ついには、イギリスで哲学者オニールやその他多くの人が示唆しているのは、ものごとは更に悪化し、様々なことが自分たちの利益になるようには機能していないと私たちが「思い込む」ようになっている。民主主義の中にあって、自分たちが無力と感じるときは、それは健全ではない。不信感といつも連動しているのは、自分が主導権を握っていない、他の誰かが糸を操っているという感覚である。このような思いこそが、なぜそのような不満があるのかを説明する手掛かりである。私が不信感をもつのは、他の誰かの計画や目的が、私のものとは全く関係がない、また、相手が主張していることと自分の計画とは無関係である、と疑うときである。相手にとって有利なことが自分に隠されており、自分は出し抜かれていると感じる。すべてがどのように機能しているかがよく分からず、やはり何か不利なことが起こっているという疑念がある。その結果、私は屈辱的になり、無力感に陥る。人を信用することは、危険であり愚かなことであると感じる。

この問題については更に付け加えたいことがあるので、後に私たちの社会の様々な危機の話に戻る。しかし、今は、信頼とその欠如という問題から話を始めたいと思う。その理由は、キリスト教の信仰の表明、即ち、「信経／信条」の出だしの言葉が、まさにこれだからである。しかし、信頼とその欠如のことは、必ずしも直ちに表明されていない。「わたしは、唯一の神、全能の父、天地の造り主を信じます」と私たちは言う。このような表現形式は、まず次のようなありふれた質問を私たちに思い起こさせるだろう。「幽霊を信じますか」とか「UFOを信じますか」。これらは、実在が怪しく、その証拠が激しく論じられている何か「どこか彼方」にあるものについての質問である。

残念ながら、多くの人——信徒、非信徒ともに——が、「信じる」をこのように解釈しているけれども、それは本来の意味とは全く違ったものである。ヨハネによる福音書（第九章）で、イエスは、生まれつき目の不自由な人を癒したあと、人の子を「信じるか」と男に尋ねられる。その際、イエスは（ネス湖の怪物についての質問のように）、人の子が実在していると思うかと尋ねてはおられない。イエスが知りたいのは、病気を癒された男が人の子を信頼する心の準備ができているかである。男は、当然のことながら、「人の子」とは誰であるかを知りたく思う。それは、神の前にあって人間を代表する役割を担っておられるイエスのことである。イエスは、それは自分であると言われる。男は、「わたしは信じます」と応える。

かくして男は信じ、信頼を置く。換言すれば、男は、その場を去るとき、「人の子」が自分の利益追求や彼を騙すようなことを意図しているのではないかと怪しんだりしてはいない。彼は、イエスが自分のために働いてくれ、それは、決して利己的な目的のためではないと信頼する。男は、イエスがおられるときに、見聞きすることは真理であると信じる。従って、それは、UFOやネス湖の怪物を「信じる」のとは根本的に異なる。これらの実在を信じることは、私が自分と世間全般についてどのように感じるかにそれほど影響を与えないし、ネス湖の怪物が信頼できるか否かには全く関係がない。ただし、もしかりに生存しておれば、それらが特定の定まった習慣をもつ生き物であるかどうかを知ることには、きっと役立つかもしれない。しかし、そんなことは、私たちの心の中にあるものを信じることとは違う。

上記のこととは対照的に、「信経／信条」の冒頭の語句は、世の中がどのように感じられ、私たちがどのように感じるかに影響を与える。その語句は、仏教徒が帰依声明をするときに使う式文「私は仏の加護を求めます」に近い。それは、私は仏と共にあり、仏は、私が加護を求めて信頼を置く存在であるということである。信経の冒頭は、それとは少し違う。

「わたしは、全能の父である神を信じます」と唱えるとき、これは、「あなたの頭の中にはいくつの考えやイメージがあるか」と問われて発する最初の返答例ではない。そのような場合は、あたかも神が、UFOや幽霊のような想像が生み出した得体の知れないものと同類の名前であるかのようである。この文は、私が人生の支えを見つけるところ、つまり、確固たる基盤、ホームがあるところについての一連の声明の出だしである。

論を進める前に、少し補足しておきたいことがある。テキストによっては、「わたしは信じる」と「わたしたちは信じる」の二通りの出だしがある。例えば、聖餐式において、新しい礼拝では、前者を後者に置き換えていることがあり、これまで議論を巻き起こしてきた。しかし、「信経／信条」は、本来は、一つ以上の目的をもっていた。短いほうの「使徒信経」は、多分、洗礼のときに使われたのであろう。また、長いほうのもっと複雑な「ニケヤ信経」は、様々な間違った考えを排除する目的をもって、教会の指導者の公会議で作成されたものである。従って、当然のことながら、「使徒信経」は「わたしは」で始まる。それは、上記で述べた仏教での帰依表明と同じように、個人が洗礼で献身の第一歩を踏み出すときのものである。そして「ニケヤ信経」（初期の形式は、後に変更された）は、「わたしたち」で始まる。それは、公会議で同意された表明であり、会衆全員が一緒に言うべきものである。ただし、「わたしたちは信じます」は、全体的な式文であるから個人的な信念を表するには、より多くの許容範囲があるというのではない。それは、クリスチャンたちが、互いにどのようなことを当然のこととして受け入れることができるかを表明している。それは、キリスト教共同体において、なぜ私たちがお互いを信頼できるかを表明していると言ってもよいだろう。私たちは同じ方向を見て、同じ希望と前提となる考え方をもって活動している。「わたし」と「わたしたち」には、どちらも使用において脈絡があり、いつどちらを使うかは、あまり重要ではない。

ここで難問に移ることにする。「なぜ」私たちは、全能の父、天地の造り主を信じなければならないのか。神が信頼できると考える根拠があるのか。表面的に考えると、私たちには少し確信がないと感じる理由があるからかもしれない。何しろ、神の意図は測ることができず、「計画」も分からないので、完全に異質な知的存在であり、私たちからかけ離れ、超越的ではないか。悲しいことに、大部分の宗教はまさにそのような印象を与える。私たちは、ものごと（特に苦しくショッキングなこと）が理解できないとき、神の神秘的な御業を求めて祈る。また、私たちと神には巨大な溝があると考えるように教えられている。しかし聖書は、このような類《たぐ》いの宗教観から脱却するよう強く勧めている。悪い宗教は、神を信じない、神を避けようとする、神を出し抜こうとする。また、神を「管理者」、校長、または、批判的または敵対的な存在と見做したり、多分、機会あれば、常に人から裏をかかれる対象と見做している。

聖書は、なぜ私たちが天地の造り主を信じるべきで、神を不可解で異質な知的存在と考えるべきではないのかという問いに対する答えを様々に示している。最も明白な答えの一つは、新約聖書のエフェソの信徒への手紙の中に見られる。長くて複雑な序文（その中には聖書の中で最も長い文が含まれている）は、最終的に次のような主張となって頂点に達する。イエス・キリストを巡る様々な出来事の中で、神はついに自らの計画を明らかにされた。永年にわたり隠されていた神秘を明らかにされた。自らの計画が何であるかを示された。かつては神秘的で、または、ぼんやりとしていたものが、今、白日のもとに現れた。世界が創造されて以来、存在していた神の目的が、今、私たちの前に明らかにされている。つまり、イエスを通して、神が絶えず決めておられたことが見える。それは、エフェソの信徒への手紙で中心的になる二つの重要な語、即ち、平和と賛美である。これこそが、神の「計画」である。神は、造られた世界が和解した世界となるように目論《もくろ》まれている。そのような世界では、人間の多様な共同体が人生を共に分かち合うようになる。なぜならば、神が自分たちを恐怖と罪の意識から解放してくださったという確信を共有しているからである。これは、世界の全体系に何らかの形で影響を与える和解の一つの側面に過ぎない。和解によって、創造された世界そのものの多様性が集約し、調和を保ちながら機能するようになる。神は、そのようなことを可能にし、最初から着実に自らの目的を固く守ってこられた。このような和解は、賛美するため、神の栄光を祝うために、人間の声を解放する。これこそは神が望まれていることである。従って、秘められた計画というものは存在せず、何も隠されてはいない。

そうとは言え、以上のことは、神について知ることができるすべてではない。ましてや、神について実際に知っているすべてのことではない。また、神についての私たちの知識は、この「不思議な計画」（チャールズ・ウェスレーの讃美歌の一つで、そのように呼ばれている）に対する神秘と驚嘆の感覚を言い尽くしてはいない。創造に際して神の目的が何であるかを確かめることができるのは安心感を覚える。その目的が、ことごとく私たちと他の被造物に恩恵をもたらすことに向けられていることを知り安心する。それは決して「自己本位の」目的ではない。神には、私たちを騙す理由がない。もし、その目的がこれまで秘められたものであったとしても、その理由は、神が私たちに分からないように恣意的に決められていたからではない。啓示は、機が熟すまで待つ必要がある。即ち、完全な意思疎通の方法が現れるまで、啓示はお預けになる。それまでは、私たちは、依然として、神について、また、自分たちと神との関係について頑な幻想に耽っている。初期の時代のクリスチャンにとって、世界のあらゆるところに霊的な勢力が跋扈《ばっこ》していた。利害関係の故に、そのような勢力は、神について誤った考えを人びとに植え付けようとしていた。彼らは、悪魔的で欺瞞的であり、狙いは、人びとに「創造主」に対する恐怖心と疑念を抱かせることによって、彼らを奴隷化することであった。もう今では彼らの化けの皮が剝がれてしまった。神ご自身が、イエスの生き方、死、復活によって、自らの目的を私たちに伝えられている。

従って、理論上では、神が「どのような」存在かを知るまでには至らない。なぜならば、神は、概念を伝える言語では定義できないからである。私たちは、一つの命（注・イエス）を授かる。その命は、私たちに神の計画を示す。即ち、その命は、神が望まれることが、私たちの中に、そして、私たちのために、実際に実現することを可能にする（その意味は、後に言及することになる）。私たちは、神が自らを知っておられるように、神を知るようにはならない。人間の言葉は、永遠に、神の実体を把握するには遥か及ばないだろう。神は、私たちの詮索の対象ではない。なぜならば、神は絶えず活動的であり、定まったところにはおられず、この世の対象物のように、私たちと対照して存在されているのでもない。私たちの思考活動そのものは、神が実際に私たちの頭脳を即刻に作動されている結果である。しかし神のことが知られるようになるのは、概念としてではなく、為されることを通してである。まさにそれ故に、私たちが発見するのは、神の活動的なご意志である――何を求め、何を目的とし、何を願望されているかである。そして、イエスの存在の故に、神の願望が平和と賛美であると理解することができる。

読者の中には、一四世紀に隠遁生活を送っていたノリッジ（注・イングランド東部）のジュリアンが書いた『神の愛の啓示』の終わり近くにある偉大な言葉を覚えている人たちがいるかもしれない（注・彼女は三〇歳のときに大病を患い、生死をさまよいながら一連の幻視を見た）。彼女は次のように問われる。これらすべての幻視《げんし》の中にある神の「意図」は何であるかを知りたく思うか。神の目的は何であるかを知りたくないか。正解は、「愛が神の意図であった」。T・S・エリオット（注・二〇世紀のイギリスの詩人）は、この本のことをよく知っていた。それを踏まえて『四つの四重奏曲』という詩を書いた。そこには次の一節がある。

　愛とは、なじみの薄い名[1]であるが
　耐え難い炎の下着[2]を

織りなした手の背後にある。
人間の力ではその苦しみを取り除けない。

（注・人生の不幸や苦悩は罪に起因するが、その罪の裏には愛なる神の手が潜んでいる。
（1）愛はなじみの薄い名　実際には頻繁に使われる言葉なのに、その真義がこれほど理解されていないものはないというアイロニー。
（2）耐え難い炎の下着　ギリシア神話に基づく表現。ネッソスは、ヘラクレスの妻ディアネイラを誘惑しようとしたので、夫ヘラクレスに弓で射られて瀕死の重傷を負った。彼は復讐のために、猛毒を沁み込ませた下着を彼女に与え、これを夫ヘラクレスに着せると夫の愛をつなぎとめることができる魔力があると騙す。夫はこれを着ると、耐え難い苦しみに襲われるが取り除けない。ついに燃え盛る薪に身を投げる。彼女は悔恨のあまり自殺する。）

この世に存在する絶望的な苦悩は、人間の力では永久に取り除けない。しかし、その苦悩の中心には、愛をもたらす不滅のエネルギーがある。もしイエスの本質を理解したならば、愛がすべてのものの基盤であると信頼できる。

偉大な神学者でなくても、このことは、いくつかの大きな疑問に対して答えないままになっていることに気づく。それらのいくつかについては、後でもう少し時間をかけることにするが、現時点で大切なことは、聖書の記者の一人が、「なぜ私たちが天地の創造主を信じなければならないか」という疑問にどのように答えているかを吟味することである。

しかしながら、この疑問に別の方法で答えることもできる。それは、これまで考察してきたことと関係があるが、もう少し掘り下げよう。端的に言えば、天地の創造主を信じることができる理由は、創造主が「実際に」天地の創造主であるからである。これは、神が主導的立場におられるが故に、ご自分がしていること万事を心得ておられるという主張にとどまらず、再び、神の特質のことにも少し言及している。

神は、万物の唯一の源である。従って、神が自分の意に反して行われることは全くない。いかなるものも神と並列して存在しないし、本質的に神に対して付随するものや神を越えるものもない。神は決して大勢の中の一人でもない。従って、神は、自らが望まないことをされる必要がない。そして神は何かを必要とすることもない。換言すれば、神は、すべての実在を永遠にかつ本質的に包含されている。従って、自らの行いをいわば「動機づける」唯一のことは、ことごとく自分自身の本質、即ち、神としての本質である。自らの行いを通して、自らの本質を「実際に」示される。

少し違った表現を使うと、神が利己的な計画をもっておられることはあり得ない。なぜならば神は、神のままであること以外には、自らには何も求められないからである。従って、もし世界が、神自らがされたこと故に存在するなら、その唯一の動機は全くの無私の愛によると考えざるを得ない。神は、自らを、「自らでない」実体に捧げられる。それによって何かの違いが生まれることを望まれる。「他者」が、自らの喜びと幸福を受けとることを望まれる。神は、退屈して仲間を必要とされているのではない。また、欲求不満になり、助けを必要とされているのでもない。

ここで注意の一言を添えたい。現代の思想家たちの中には、神は、もっと真価を発揮できるように、身の回りに何かほかのものを必要とされているのではないかという示唆に、非常に心惹かれている人たちがいる。彼らがそのような考えに同調する理由は、神は私たちを「必要とする」ことはないと言うと、何だか神が冷淡に見えるかもしれないからと主張する。確かに、一般論として、私たちが愛し愛されるとき、自分が必要とされていると知ることは重要である。しかし、ここで一つの課題に向き合わなければならない。即ち、私たちは神に対して全く何も「貢献する」ことはなく、神は、たとえ私たちが創造されなかったとしても、同じ神のままであっただろう。

人間関係に必然的に起こるギブ・アンド・テークという観点で言えば、上記のことは少々異例であろう。忘れてならないのは、神は、他のものとは全く異なる次元の実在であるということである。神にとって自らの幸福のために必要なものすべては自らの中にある。従って、私たちは、全くの無条件の寛大さのお陰で存在している。確かに、これは誰もが認める難解な考え方であるが、それを理解しなければならない。世界を創造される際に神が示される愛には、自己本位的な目的は欠片《かけら》もない。それは、いったん造られた後の世界に向けて示される愛の場合も同じである。

それは、ことごとく惜しみなく私たちのために与えられる愛である。神は、密かに自分のために何かを得ようとはされない。そんなことになれば、神の永遠の本質であると私たちが信じていることを無意味にしてしまうだろう。

簡潔に言えば、神は神であることを気高くかつ永遠に幸せに思っておられる。この気高く永遠の幸福感が溢れ出て、創造の御業《みわざ》につながる。この事実そのものが、神が完全に愛されるべき存在であり、私利的な計画をもっておられないことを物語っている。それは少々衝撃的であり、咀嚼《そしゃく》するのが難しいかもしれないが、そのように言わざるを得ないように思える。私たちの俗世間で、誰かが自分のことを考えることなく、見返りや慰めもなく、ひたすら他の人に心を集中し、行動している人を見かけるとき（かなり稀ではあるが）、そこには神の本来の姿が微《かす》かに反映されているのを見る。

ある見方をすれば、困った点もある。それは、私たちが神から愛されている理由は、自分たちが神に対して非常に協力的であるからだと都合よく考えてしまうことである。それは、あたかも私たちが善良であるが故に神が私たちを赦される（聖書では、逆に、神は私たちを赦すことによって私たちを善良にされるとあるが）と想像するようなことである。私たちを救う時と同じく造る時も、神が示される愛は、完全に無償である。神は私たちに何も負っておられない。神は、私たちがこの世に存在することを選び、私たちを常に愛すべきものと見做してくださる。そのことについて、次のように力強く表明された。「神は、私たちのために自らの命を捧げる価値があると考えられた」。従って、創造という概念に焦点を置き始めると直ぐに、無条件に寛大な愛に関して、このような直感的洞察が私たちに求められる。それによって、なぜ疑う根拠がないのか、なぜ後ずさりして「ちょっと待ってくださいよ、そんなことをして、あなたにどんな利益があるのですか」と言う必要がない理由が分かるだろう。まず、私たちが創造主のことを考えるときは、自分たちの生来の懐疑心を根本から抑えなければならない。この場合、少なくとも神に対して確信をもつ理由がある。

後に繰り返して見ることになるが、創造主である神をこのように信じることは、整然とした議論を通して生まれてくるものではない。ニワトリが先か卵が先かの議論のようである。実際には、人間は神と出合い、無条件に自分を赦してくださると分かると、神の愛の自由さと力を考えはじめる。天地万物の存在をそのような視点で見て、何事においても「愛が神の意図であった」という確信を抱くようになる。またしても、天地万物の広大さと複雑さに驚き茫然となり、それをひとまとめにしておくには、どれほどの無限のエネルギーを蓄積しなければならないのだろうかと、おぼろげながら考えはじめる。そして、私たちに愛を示される際、なぜ神は私たちを功績に応じて扱われず、また、規則と条件にも従われないのかを、より一層理解する。すべての創造主としての神について考えることと、赦しと再生において親しく私たちを出迎えてくださる神について考えることとは、出来る限り密接に関連していることが望ましい。残念ながら、ある種の教えでは、創造と救済が全く違ったトピックとして扱われているという欠点がある。一方、聖書では、再三再四、創造と救済を不可分なものとして一緒に扱っている。

そこで以上のようにまとめることができる。私は、万物を造り利己的目的をもっておられない神を信じ、信頼を置き、庇護を求める。更に神は、イエスの生き方、死、復活の中にご自分がどのような神であるか、また、どのような目的を持っておられるかも見えるようにされている。この観点から見れば、「全能の父」という表現の意味が理解できるだろう。この言葉そのものは、フロイト派の精神分析専門家にとって素晴らしい分析の機会を提供する。例えば、これは、願望達成の最も明白な例ではなかろうか（全能の父が自分の面倒をみてくださる）。私たちは誰も、諸々の問題を解決してくれる権威的存在をもちたく思うのではないだろうか。本来ならば自分が責任をとらなければならない状況から脱することを援助してもらうことを期待して、権威的存在がいつも身近にいることを望むのではないだろうか。一方、このような幻想は、人間として成長したく思っている人には極めて危険ではないだろうか。

それに対する答えは「その通り」に違いない。しかし、そのために、神の全能という概念を私たちがどのような意図で使っているのかを、もっと注意深く問うことを余儀なくさせられる。「全能（almighty）」という概念を考える際、従来、「私たち」が欲することという観点から考えてきている。例えば、私たちが望むものを獲得する、いとも容易に自分や他人の問題点を解決する能力のことである。そのような幻想があると、人は、様々に滑稽な言い回しを作る。それは不思議ではない。例えば、空想上で神の立場に身を置く最近の映画『ブルース・オールマイティ』（注・二〇〇三年のアメリカコメディ映画。仕事で不運なテレビレポーターが、神から全知全能の力を授かる。彼はハチャメチャな行動に走る）が頭に浮かぶ。勿論、事態はそんなに容易ではないことに気づく。しかし、（再び）もし聖書とキリスト教実践の言葉がどのように使われているかに少し注意を払えば、そのような幻想は、全能とは全く無縁であることが分かる。もし「全能の父である神を信じる」の意味が、「どこかに無限の権力が存在すると信じ、それが自分の好みに合わせて何かを選び、好き放題をするので、私は、それから気に入られる必要がある」ということならば、それは信頼をもつこととはあまり関係がないように思える。そのような万能の権力は、とてつもなく巨大で恣意的な意志であり、心の平安を乱すものである。

ギリシア語で「全能な」と訳されている語は、実際には「万物の支配者」とか「万物の所有者」の意味である。この語について、少し見方を変える必要があるだろう。それは、神が不在のままであり、無力で、現実の世界から遊離している場所はどこにもないという意味になる。また、世界中で神が途方に暮れるような事態はないという意味にもなる。言い換えると、神が頼りにならない状況はない。これまで私たちは神の愛の自由さについて考えてきたが、これが暗に意味することは、世界中で（特に私個人の人生において）何が起ころうとも、神の愛は決して尽きることはないということである。このことについては、後に、多くの違った状況の中で更に詳しく述べることにするが、とりあえず現時点で留意しておくべきことは、私たちが「全能」という概念を少々間違って捉えていることである。この概念を、願望成就という素晴らしい幻想であると捉えている。しかし、実際には、「全能」とは、次のことを表現する一つの方法である。神は絶えず何か新鮮で違ったことをする力、ある難局から何か新しいことを引き出す力をもっておられる（なぜならば、ご自分の外にあるものが究極的には神の願いを挫折させることはないからである）。このような意味で、全能とは神に信頼を寄せる理由の一つである。

聖書は、決して奇跡（後に、奇跡について述べる）を行うことによって、勝ち誇っていつもやりたい放題をしている一人の神の記録ではない。実際には、忍耐強く自らの意思を人間に伝え、特に、人間が神に関心がなかったり、それを避けようとしていたり、神について間違った幻想に耽っているように思えるときにも自らの愛を明らかにしようと、忍耐強く苦労しながら意志を貫徹される神の記録である。一般的には、時折、聖書は非常に大胆な方法で神のことを紹介する。それは、ある特定のストーリーを人間の観点から語ることである。そのような方法は、あたかも神が民に対して誠実であることを彼らに説得する必要があるかのようである。例えば、アブラハムやモーセのような人、つまり、神とは実際にはどのような存在であるかを少し知っているはずの人が、ある危機に直面している。事態は深刻である。神は、すべてに見切りを付け、人間を破壊し忘却しようとしている。そこでアブラハムとモーセは、神と議論し、ついに説得の結果、神は慈悲を示すようになる。これらのストーリーの記者たちは、事情をよく理解し、目的を心得て記述している。彼らは、不機嫌で気まぐれな神の存在を信じていなかった。冷静になるには良識ある人間の助けが必要である神がいるとも信じていなかった。記者にとって、自分たちが神について理解していることを最も生き生きと表現する方法は、アブラハムとモーセが、祈りながら、神にある最も深く最も誠実なところに訴え、働きかけている姿を描くことであった。

従って、聖書の最初の書、創世記第一八章の中で、アブラハムは、神がソドムという悪徳の町を滅ぼそうとしていることについて神と議論している。きっとソドムにも正しい人びとが「少し」はいるに違いないと、アブラハムは言う。もしそうならば、「全世界を裁くお方」は、そのような人びとに正義を行うべきではありませんか。正しい者を悪い者と同じ目に遭わせるようなことを、あなたがなさるはずがありません。「全くありえないことです」とアブラハムは言う。このように彼が交渉を続けている間、神は、それに応じ、ついに、町を滅ぼすことを止めるに必要な正しい者の人数が少しずつ減らされていく。これは、神が正しいこと――不公正ではなく――を行うことにおいて本当に信頼できる存在であることを、一人の男が徐々に発見していくストーリーである。

もっと感動的なストーリーが、聖書の第二の書、出エジプト記第三二章にある。モーセが神と議論している。彼は山頂にいて、神から命令を受けている。その間、イスラエルの人びとの宿営では弟アロンが、若い雄牛の鋳造の形にして神のイメージを造る。すると、神の怒りが燃え上がり、モーセに「今は、わたしを引き留めるな」と言われる。神は、反抗的な民をすべて滅ぼし、再び、モーセだけを新しい国の祖先として再出発すると言われる。モーセは応えて、次のように言う。「そのようなことをしないでください。主は、この民たちに誠を尽くすと約束されたではありませんか。世界中の他の人びとから、『あなたは結局彼らに対処できなかった、約束を守れなかった』と言ってほしいですか」。そして同じ章のあとの箇所で次のように言う。「もしもあなたが彼らの罪をお赦しくださらないのならば、どうかこのわたしをあなたが書き記された書の中から消し去ってください」。これは、あたかも、心変わりをされ、赦すこともできず、これまでどおりの罪深く愚かな民と再出発ができない神とはもう関わりたくないと、モーセが言っているかのようである。モーセにとって重要なことは、自分の身の安全と自分の将来ではない。大切なことは、彼がこれまで信じてきた神が、今も同じであり、罪深く愚かな民と共にあり、自らの愛の絶対的な自由さをはっきりと示されるが故に、今も信頼がおけるということである。もし仮にも神がイスラエルの民に対する約束を反故にすることがあれば、神の愛が示されるのは、単に彼らの善行次第であるという条件的なものになる。しかし、実際には、いかに驚くほど見込みのない人間であっても、神は、依然として共に何かをしてくださるという奇跡的なイメージがある。

一方では、好き勝手に振る舞い、その結果などを意に介さない神がいて、他方では、これまで献身と赦しの神であることを示されてきた神がおられる。後者の神は、ご自分を本当に理解してくれている人びとと議論する心の準備があり、しかも、彼らとの議論のあと、ご自分の真の本質に「呼び戻される」用意がある。これら二つの神の違いを、古代のヘブライ人はよく理解していたように思える。これらのストーリーは、ある意味では皮肉を込めた内容である。それらは、まさに、これまで私たちが考えてきた空想に誘っている。例えば、「あなた」ならば、あの悪徳の町に直面したときや、砂漠でイスラエルの民の破滅的な愚かさに直面したとき、どうするだろうか。多分、彼らを破滅させたくなるだろう。実は、それがあなたと神との違いであり、偶像と真の神との違いである。「これこそ」が、実際には、全能がどのようなものかを示す。全能とは、民と共に存在し、極めて不安定、不公正であり、疑い深く、非協力的な民に対しても、また、彼らのためにも、誠意を表す無限の力であり、また、いかなる犠牲を払っても、意思を伝えようと努力し、苦心して人間の心と取り組み続ける力である。

このような理由により、全能の父である神を信じ、信頼することとは、自分勝手に物事を決め、即座に欲しいものを手に入れるどこかの強大な権限のある人物の願望成就や計画のこととは全く違う話である。むしろ、全能の神を信じることは、アブラハムとモーセが悟ったこと、即ち、惜しみなく愛と自由を与えてくださる神を発見することである。後で、イエスが神について言っておられることに着目するが、そのときに、「父」の意味をもう少し述べることにする。しかし、これまで挙げたストーリーの中でも既にその意味の片鱗が見えてきた。私たちが愛情豊かな親を信頼するのと同じように、神は信頼できる存在であり、私たちへの神の献身は尽きることがない。神はまた、私たちに対する目的は、間違いなく無欲である。神の活力は、私たちの命の源である。神は、私たちのためにいつもホームがあるように保証しておられる。従って、暫しの間、全能の父についてのフロイト的幻想を傍らに置いておこう。もし今ここで問題があるのならば、それは、神について逆の解釈をする――あるイメージを神に投射する――場合である。つまり、理想化された母の特徴――いつも私たちを受け入れ慰めてくれる――を敢えて神に投影するという問題である。私たちは、そのような幻想も払拭しなければならない。これについても後に考えることにする。今は、神は自らの能力を明確に忍耐強く示され、いつも苦難の中に何か斬新なことを始められる能力をもっておられることを理解することが重要である。そうすれば、イエスの死が、なぜ初期の時代のクリスチャンたちにとって敗北ではなく、神の力が決定的に発揮された時のように思えるかが分かり始める。

本章の最後の部分で、また、次の第二章でもかなり多く言及することになる課題に目を向けたい。これまで述べてきたことが、実際には「真実」であるとどうして分かるのか。これまで、私は、真実であることの意味を明確にしようと努めてきた。しかし、いかにして私たちはこの「真実」という言葉の真意をくみ取り、それを自分のものとすることができる段階に至るのか。確かにクリスチャンは信頼の置ける神について語るけれども、それは、本当の神だとどうして分かるのか。神は、一般の本に出てくる偉大な人物と対比してどのように違うのか。言い換えれば、神は存在するのか。

みなさんにとっては特に驚くべきことではないだろうが、私は、神が実際に存在すると明確に証明する決定的な新しい議論に未だお目にかかったことがない。しかし、忘れてならないのは、議論した後に強い個人的な信仰に入る人びとは、実際にはかなり少ないということである。何世紀も前、偉大な神学者であり司祭であった聖アンブロジウスは、「神は、議論によって人を救済することは得意ではなかった」と言った。勿論、議論にも役立つことがある。人びとが神の存在に反対する議論をするとき、信仰は全く不合理であるという考えに対抗して何らかの主張をするために議論することは役立つ。しかし、人の想像力、将来像、希望を変えるのは何か。それは、議論によるものではない。

聖書には、神の存在を支持する議論はない。むしろ神との対立、神に対する怒り、神の意図についての疑念、神の存在を実感しないときの苦悩、喪失感の時が書かれているだけである。詩編とヨブ記には、このことが満載されている。聖書には、信仰と信頼の人生について心地よく安心感を与えるものが満載されていると想像してはいけない。実際には、そうではない。聖書にしばしば書かれてあるのは、神を受け入れるに伴うとてつもない代償、また、全ての証拠がなくなっているように思えるときでも神を信じようとするのに伴う大きな代償である。しかしアブラハム、モーセ、聖パウロは、神が存在するかどうかを解決するために、腰を据えてわざわざ議論をしない。そんなことよりも、既に彼らは否定できない、無視できない、切羽詰まった現実に巻き込まれている。彼らと神との関係で起こる不安と苦闘そのものが、「ある意味で」神の存在を擁護する議論のようなものである。

以上のことは、多くの人にとって、どこで神を信じることが始まるのかという非常に重大な論点である。それは、私たちは「信頼する」という感覚から始まる。つまり、ある種の人びとに信頼を寄せる。彼らの生き方に信頼を置く。彼らの生き方は、私が望む生き方であり——多分、今よりも良い、または、より成熟したときの生き方を想像する。彼らが住んでいる世界に私も住みたい。信仰とは、信頼するに相応しい生き方が見え、信仰心をもった人びとの中に私たちも住みたい世界が見えるという単純な事実と大いに関係している。

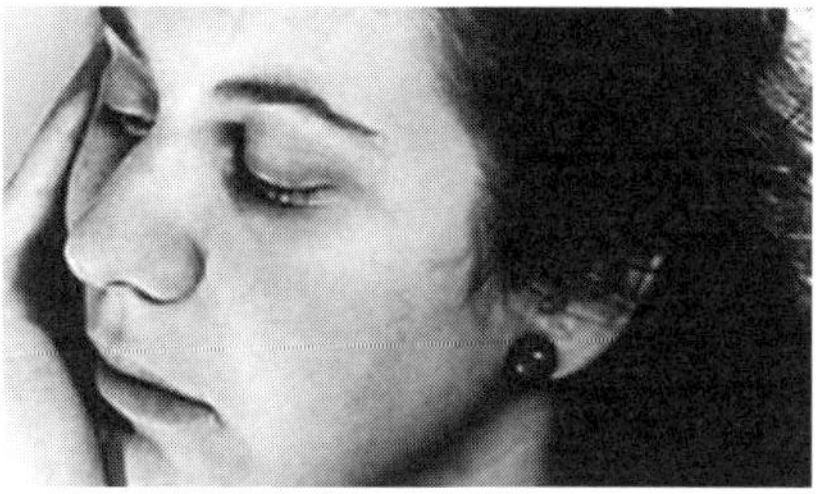

エティ・ヒレスム

勿論、このことは信仰をもった人びとに大きな責任を負わすことになる。人間としての生き方の数々の不確定な要素に頼るのではなく、議論だけに頼り入信するほうが誰にとってもはるかに楽であろう。しかし、それでも顕著な事実が残っている。神が信頼できるということを証しする人物が実際にいる。このような言い回しの原点は、二〇世紀の最も顕著な信徒の一人にある。彼女の名前はエティ・ヒレスムである。彼女は、近代の全体主義と暴力という悪夢に対して抵抗することによって、神を信じられる存在にした人びとの一人である。彼女はユダヤ系の女性で、ドイツがオランダを占領した時、二〇代であった。当時、彼女は、決して信仰深い人ではなく、また、明白な宗教的献身もなかった。一九四一～四三年に出版された彼女の日記と手紙に書かれているのは、彼女の国と国民の歴史における悲惨な時代に、神の手が自分の人生に関わってくるのを徐々に意識するようになってきた様子である。しかも、その当時は、大部分の人びとが、神について更に深く懐疑的になりそうな時代であった。

彼女は、ベステルボルク通過収容所に収監されていた。一九四三年一一月に二九歳の時、アウシュビッツに送還されガス室で死ぬ前に、次のように書いている。「この苦難を生き抜き、このような時であっても神が存在されているという事実の証しとなる人が必要です。ならば、この私がその証しになりましょう」。ベステルボルクから友人に宛てた手紙では、自分の人生のことを「『神なるあなた』との絶えることのない対話の人生になりました」と言っている。そして、収容所で自分が神から召命を受けていると感じたことについて、「単に『あなた』への信仰を宣言し、『あなた』を他の人びとの心に託すだけでなく、彼らの心の中に『あなた』に向かう道を切り開くこともしなければなりません」とも言っている。明らかに、彼女は、自分の信仰が社会で特定の場所を占めるように決断をしなければならないと考えていた。彼女は、他の人びとが、自分を通して、神と何とか関係をもつことができる場所を見つけることを望んでいた。しかし、彼女の決意は、決して自己礼賛の精神からでもなく、または、特に自分が例外的に聖なる人間であるとか、徳がある人間であると感じていたからでもなかった。それは、ひとえに神の証しとなることに賛同していたからであった。

勿論、これは例外的な時代に起こったストーリーである。とは言え、最近の大量虐殺のことを念頭に置くと、そのようなストーリーが例外的であったと考えるべきではない。疑いもなく、ルワンダやスーダンからの記録やストーリーと類似点がある。エティ・ヒレスムが特別な人物であったと言うことは難しい。もう一人注目に値する人がいた。エティ・ヒレスムがベステルボルクで短期間に出合った人びとの中にエーディト・シュタインがいた。シュタインは、ユダヤ系の著名な哲学者であり、カトリックに改宗した後に修道女（注・カルメル会）になった。修道会は、彼女をドイツから移動させ、ナチの大虐殺から救おうとした。しかしオランダ侵略の時に彼女は捕まった。彼女も、また、アウシュビッツで死ぬ運命であった。今日、エーディト・シュタインは、ローマカトリック教会の聖人である。著述や日記には、彼女の証しが多く書かれているが、中でも重要なことは、キリスト教への改宗にもかかわらず、進んでユダヤ人同胞と一緒に死ぬ覚悟をしていたことであった。彼女は、あらゆる面でエティ・ヒレスムよりも明確に、伝統的な意味で聖なる人であり、いかなる定義に照らしても偉大な女性であった。しかし、エティ・ヒレスムの情熱、自由奔放なエネルギー、そして彼女が神へ向けてのゆっくりとした、しかも、驚異的な旅をすることには注目しなければならない。特に彼女の旅には、今日、様々な宗教的制度の中で心の安らぎを感じることが以前よりも困難になっていると感じている私たちに訴えるものがある。

ジョー・ウォリロー神父

極端な状況はものごとを明瞭に見せるものである。アウシュビッツへの途上でも神の証しとなることができるならば、それは、意味ある貢献である。カルメル会の修道女の貢献であろうと、情熱的な作家と教師の貢献であろうとも、それは、容易には無視できない人間の可能性全体に対する貢献である。しかし、それほど劇的ではない状況でも、自分が神の証しとなることはどのような意味であるかを垣間見られるケースがある。アメリカで数年前、予想外のベストセラーになった『神父ジョー——私の魂を救った人』という本があった。著者トニー・ヘンドラは、『スピッティング・イメージ』（注・イギリスの風刺人形劇）の脚本家の一人であった。この作品は、一九八〇年代のイギリスのテレビで最も自由奔放に口汚く率直な描写をする風刺人形劇であった。著書の中で、ヘンドラは一四歳の時以来続いているベネディクト会修道士ジョー・ウォリロー神父との交友関係を書いている。神父は、一八歳の時に修道士になった。それ以来、ワイト島（注・イギリス海峡の島）の修道院をほとんど離れることがなかった。数十年の間、神父は、ヘンドラにとって完全に信頼のおける羅針盤のような人であり、信仰の危機、成功、失敗、結婚、離婚、再婚、麻薬中毒、自殺未遂などで助言を与え、終始近づきやすく情け深い存在であり続けている。彼は議論しているとき、決して有利な立場に立とうとせず、勝とうともしない。この上なく自分の信念を貫き、少々滑稽であり、外見では全く気取らず、洞察力と愛では花崗岩のごとく堅固である。彼は、度々、忍耐強くヘンドラに助言し、本来の姿の自分に呼び戻らせ、幻想や野心をへし折る。

ヘンドラの二度目の結婚とカトリック信仰への復帰による癒しは、決して劇的な成功物語ではない。その背後には、彼の生活の中に揺るぎなく誠意ある人物の存在がある。「ジョー神父の知恵は、長い間誤診されてきた病気のための正しい薬剤治療のような効果をもち始めてきた」と書いている。また、彼は、ジョー神父のことを、「未完成の聖人」、神がされたことを常になぞらえる人、神が賞賛される――それは少々地味で古臭いが――現実味をもった人物であると言っている。ヘンドラが、やっとのことで自分の胸の内をジョーに打ち明ける。すると、「津波が良識という防波堤を圧倒してやって来るように、あるとてつもない考えが頭に押し寄せた。この小柄でロバ耳の妖精のような男は、ひょっとして神ではないか、あるいは神が時折住まわれる体ではないか」。

ヘンドラは即座に付け加える。「しかし当時、私は神を信じていなかった。やがて、神父は、神と私を繋いでくれるようになる。それとなく」。このような関係は、人が神の信憑性に対して責任を負うこと、つまり、議論や思索によっては起こり得ないことを可能にする橋渡しになったことを意味する。その状況は、エティ・ヒレスムのケースほどは悲劇的で極端ではないけれども、ヘンドラの苦しみと疑念という観点で言えば、彼の状況も十分に悲劇的である。私の推察では、多くの信徒にとって、これと似たようなことがしばしば起こっている。今は、心が不安定であったり、疑念と苦悩にさいなまれたりしているかもしれないし、また、自分が信じていることについてあまり納得のいく説明ができないかもしれない。しかし、私たちの視界の中には、橋渡しになってくれる人たちがいる。勿論、そのような人たち自身も、しばしば同じように苦しんだり、苦労したりしているかもしれない。肝心なことは、視野の中に、私たちが入りたく思う世界に住んでいる人たちが見えることである。ニューマン枢機卿（注・一八〇一—一八九〇）は、ある時、次のように言った。「虫眼鏡（拡大鏡）は、それ自体は冷たいけれども、どこか他のところで火を起こすことができる」。

かなり多くの宗教では——特にイギリスの場合——、誰かほかの人が自分の代役をやってくれていることをあてにし感謝しているように思える。実際、多くの本には、教会の建物の姿や大聖堂の聖歌隊は重要な社会的役割を果たしており、それらは、何かに頼りたい、求めたい気持ちを託す場所を提供していると記述されてきた。それ故に多くの人びとが、自分たちに代わって「誰か」がそのような役割に専念してくれていることを喜んでいる。ただし自分自身はそのようにしたいかどうか分からないとも書かれている。

このような記述を嘲笑するのは容易《たやす》い。クリスチャンの中には、それを腹立たしいと思う人びともいるだろう。しかし、それは、必ずしも全くのナンセンスではない。このような記述には重要なことが暗示されている。多くの人びとは、自分たちの人間性の中に、適切に配慮されていないと感じている精神的部分があることを認識しつつある。その部分は、普段、自分たちの生活を快適にするものによっては満足させられない。そして、もし何かもっと大きな霊的認識に向かう途中にあるならば、それぞれ自分のペースで、自分なりの方法で進むべきだろう。また、信仰共同体に所属するという最終のステップに踏み出す前には、「神が信頼できることを証しする」人たちに本当に十分な信頼を置いているかどうかを見極めなければならない。それができたとき、本格的に信仰に入るには何が必要であるかを少し発見し始める。

勿論、後になって抜け出せない選択がある。それは、リスクを負う選択である。例えば、エティやジョーと似た境遇の人びとの世界に入っても本当に心休まることができるかどうかを見極めなければならない。どのような選択をするかについては、知的な議論が少しは役立つかもしれないが、それで決着する選択は滅多にない。そして信仰が社会でかなり弱い場合（イギリス社会のように）、信徒たち——特に指導者と教育者の役職を担っていると見なされる人びと——にとってあまり嬉しくない疑問は、自分たちが少しでも信頼に値する存在に見えているのかということである。そんな時、逃げ口上として、自分たちの模範となる人びとのストーリーを話し続けるしかない。私自身はあまり信頼できるように見えないかもしれないが、少なくとも信頼できる人を指摘できる。効果的に勇敢に神に対して責任を負っている人びとがいる限り、信仰への門戸が開かれており、人びとが、多分、とてもゆっくりと進み、最後には「わたしは信じます」と言える段階に至る可能性があるかもしれない。ただし、「神と呼ばれる何かがあるのを確信します」（それはＵＦＯを信じるのと酷似している）とか、または、「信徒たちが、何かの真理について話していることを確信します」と言うだけでは不十分である（但し、それは正しい方向への第一歩であり、しばしば周辺に信頼できる人たちがいることと関係しているが）。しかし究極の選択は、「私は、あの人たちと同じ世界で暮らしたい。そして彼らが知っていることを知り、同じ井戸から水を飲みたい」と言えることである。その時、「わたしは信じます。確信しています。庇護を求めます。帰郷しました」と心から言える。

第二章　愛のリスク

天地の造り主

私たちを神に向かわせるような生き方の意義深さを訴えかけるのは結構なことだが、まだ基本的な疑問に取り組んでいないと言う人がいるかもしれない。それは、そもそもなぜ神の言葉を真剣に考えなければならないのかという疑問である。それが何とか可能であると考え始めたら、これまで考えてきた人間の様々な生き方が、神の言葉を現実味のあるものにするかもしれない。しかし、神を説明する方法が見つからなければどうなるか。

このような場合、通常、神の存在を擁護する議論が登場し始める。それには合点がいく。そのような議論の内容を検討するのに少し時間を取る必要がある。しかし、それに先立って、注目しておくべきことがある。これまで神の存在を擁護する議論は、残念だが、神との意識的で個人的な「関係」が、実際にはどのような結果に結びつくのかに関して、現実味のある逸話を示してこなかった。従って、そのような議論は、信仰の本質を紹介するには不十分である。神の存在を主張する議論をしても、最後には、「だからどうなんですか」と反論される。しかし、エティ・ヒレスムの手紙を読んだ後、「だからどうなんですか」と言うことは難しい。

神の存在を擁護する議論は、世界を単一の全体として見るように勧める。即ち、できるだけ多くの世界の成り行きを思い浮かべ、「『全体として』これらを理解する方法があるか」と問う（多くの現代の哲学者をも含めて）（注・後に出てくる汎神論を思い起こさせる）。しかし大多数の人びと（多くの現代の哲学者をも含めて）にとって、これは、決して役立ち、意味のある疑問ではない。そのような総計は、単に総計にすぎず、実際には、それぞれの成り行きが、独自で別個に理解される。全体の説明は不要である。なぜならば、「全体」そのものがないからである。しかし、このような否定的見解をもつ人びとを悩ます二つの難題がある。第一の要因は、大部分の人びとの頭につきまとう直観であるが、それは、そもそも世の中の全てはどこに源があるのかという疑問である。それはもっともな疑問である。第二の要因として、科学研究の一般的傾向として、「最初の出来事」、即ち、私たちが知っている体系は、いつ膨張し始めたのかに関心がある。これらの疑問は、いずれも神についての議論を始めるきっかけとして決定的なものではなく、議論にはなりえない。しかし、この避けがたい意識がつきまとっている。

トム・ストッパードの素晴らしい戯曲『ジャンパーズ』の中で哲学の教授ジョージが、神の存在について講義の準備をしている。彼は、次のような記憶に残るフレーズを使う。「もし無限の列のように見えるドミノの駒が次から次へと倒れていっているならば、どこかで一つの駒が『軽く押された』からである」。そのような発想そのものは粗雑ではあるが、次のような疑念をよく表現している。即ち、もし動いているものを語る時、何が最初にそれらを動かす原因になったかという疑問を避けることは難しい。科学の分野では、基本的にはエネルギーと動きとは関係があるので、何が「エネルギーを与えるか」という疑問を持つのは当然である。また別の言い方もできる。私たちの宇宙は、違った種類のエネルギーの「配列」から成る、とてつもなく複雑なネットワークである。いかなる状態も不変ではない。エネルギーはいつも維持されている。活動的な存在である特定の形態のすべてが、本来の状態から何か他のものに変化しても、全ての宇宙のネットワークは、決して支離滅裂にならず、完全に無秩序にもならないのはなぜなのか。確かに最も小さく、最も原始的なレベルの生態には無秩序があるが、物事の大勢は決して無秩序ではない。では、何が全体のバランスを保ち、私たちが出合うものを真の「宇宙」――境界があり首尾一貫し、相互依存にある体系――にしているのか。

「このような疑問は妥当ではない。そもそも宇宙とはそんなものだ」と言うのは、決してナンセンスではない。しかし多くの人が未だに悩んでいる。このような状況の中で、つぎのような考え方を示唆するのはどうだろうか。ある実体が、天地万物と関係し、それと一緒にあるのではなく、それを何かしら支え包含している。また、その実体は、何の規制や条件もなく、活動し、動いている。この考えは、神が持つ自由さについて前章で考えていたことと関連することが分かるだろう。もし「神」のことを、私たちと同じ体系の中にある「より大きく勝れた主体者」（これは次元がもっと高い説明になるが、同じ宇宙の中にあることには違いがない）と言うならば、やはり更なる説明が必要である（そうでないと、子どもたちは「神さまが世界を造ったのなら、誰が神さまを造ったの」と質問し続けるであろう）。これまで宗教哲学者たちは、このような問題を避けようとし、神のことに言及する段階になると、私たちと同じ体系の中におられる神という言い方はしない。私たちが理解しようと努めているのは、神は、完全に首尾一貫し、他のものから影響されず、永遠で変わることのない、独自の「大義」をもっておられる存在であるという考え方である。その活動自体が、いわば自らの説明になっているという考えである。

それについては少し後で続けて論じるが、その前に注意するべきことが少しある。上記で述べたことは、決して、神は、ある過去の時点で世界を造られたが、その後、それが発展するままに放置されてきたというのではない。ローマカトリック教徒の作家でありジャーナリストでもあるアリス・トマス・エリスは、辛辣でウィットがあり刺激的な小説の中で、ある登場人物に神のことを次のように皮肉って言わせている。神は、非常に聡明な学者であり偉大な作品を発表したが、今は引退していると。時には、そのような風刺は、神について他の人びとが話すことと似ているところがある。一八、一九世紀には、ウィリアム・ペイリーという聖職者の得意な例え話の一つに、時計と時計職人のことがあった。もし人が辺鄙《へんぴ》な田舎の道を歩いているときに時計が放置されているのを見つけても、それを田舎に自生する植物の中の珍しい品種とは結論づけないだろう。

当然のことながら、それは時計職人が作ったものだと考える。世界は、極めて複雑な現実である。それを説明するには、独創的な頭が必要である。小説『アンクルトムの小屋（*Uncle Tom's Cabin*）』では、少女トプシーが自分の生い立ちを説明するのに「ただそこで生まれ育っただけよ」と言ったが、人間の生い立ちはそんなものではない。

しかし、この例え話も、あまり私たちには役立たない。ユダヤ教であれ、キリスト教であれ、イスラム教であれ、創造主への信仰について、神は世界を造られ、その後は引退し、いわば、それを放置されたとは言っていない。これらの宗教では、創造は「今も」続いていると考えられている。確かに、起点はあるが、それは活動的な関係の始まりのことであり、その関係は止まることはない。創造した後は、神は、自らとは違う実体を支え、それを絶え間なく続けることに「専念」しておられる。先ほどの時計職人のイメージと同様に拙い譬えかもしれないが、もう一例を披露しよう。それは電球の点灯に関することである。電流は光が輝くことを引き起こす。とは言え、電流は点灯する時にだけ流れ、光そのものはどこかかなり遠い場所で起こっている結果ではない。それとは真逆で、光は、今ここで輝いている。なぜならば電流は今ここで流れているからである。同様にして、神の御業という「電流」は、今、現世で私たちを実体あるものにしている。

創造は今も続いている。もし何かのあり得ない出来事のために神の注意力が落ちてしまうと、私たちは存在しないだろう。これは爽快な考えである。このことが意味するのは、神の御業が、全ての状況、全てのもの、全ての人の中で継続しており、それはすべての中心にある白熱体のようなものである。更には、私たち一人ひとりは、いつの間にか神との関係に既に入っており、私たちが出合う全てのものと人は、私たちと何らかの関係に入る前に、神と関係をもっている。それ故に、私たちは、世界と他の人びとに敬愛と驚きの念で接しなければならない。

歴史上で最も偉大な知性をもった人の一人、トマス・アクイナスは、一三世紀に次のように言っている。創造を、前後の関係がある出来事とか、状況における変化として考えてはいけない。そのように考えるのは、あたかも最初に混沌たる状況があって、後に神が現れ、それを整頓されたというように思える。これは、古代の世界では一般的な考えであった。アクイナスによれば、創造は、神と神ではないものとの関係を築く神の御業である。神は、永遠に神のままである――時間をこえて。時が始まるのは、神が言葉を発し、自らとは違った世界を生じさせ、ご自分に頼って生きる一人の実体との関係を確立されるときである。その実体は、絶えず神を頼り、神の活動の流れに乗って進んでいく。私たちが遭遇する全てのものの背後と上下には、神の御業がある。神のイメージとして、大聖堂の柱や山の頂上のような不動で変化のないものを思い浮かべるかもしれないが、その内部や向こうには強烈なエネルギーと動きがある。勿論、科学者は、全ての堅固に見える物の中心には亜原子粒子の動きがあると言うだろう。神学者は、話題の中心が動きとエネルギーであることに気をよくし、それに付け加えて、亜原子粒子の中心には、もっと基本的であり、計測と観察ができない行いと動き――即ち、神からの活力のほとばしり――があると言うだろう。讃美歌『神の知恵ぞはかりなき』（注・直訳では「不死であり、見えない存在」）には、次のような一節があり、全てを言い尽くしている。

御身よろずに命を与え給う、大にも小にも
御身よろずを生かし給う、まことの命を

この讃美歌には、創造に関して実際のキリスト教の教義がある。創造は、私たちが話したり、書いたり、読んだりしているときも続いている。創造は、讃美歌のみならず私たちの祈りの多くの中にも存在しているビジョンである。そのビジョンは聖書にもあり、その大部分は、旧約聖書と旧約聖書続編の「知恵文学」と通例呼ばれるものの中にある。それらは、箴言、ヨブ記の一部、詩編、ソロモンの知恵、シラ書などである。その最も美しいビジョンの一つは、ソロモンの知恵の第七章にあり、神の知恵を、優しく、鋭敏で、穏やかで、知的な霊であると描写している。それがいつも天地万物の中を飛び回り、人間世界の中で友人と協力者を求め、人間の心の中にホームを求めている。使徒言行録第一七章で、聖パウロは、アテネの哲学者たちと話をしているとき、ギリシアの詩人を引用し、神の中に「我らは生き、動き、存在する」と言い、そのような表現に満足している。

次のことを心に留めておくと、宗教と科学との間の無意味な乖離のうちのいくつかは、大局的に見られるようになるかもしれない。信仰は、世界の仕組みについて代替となる理論を示さない。信仰は、更にその先のステップを踏み出し、世界の仕組みの先へ、ビッグバンを越えて進み、極めて自由な活動を頭に描くことを奨励する。信仰は、極めて独自性があり、何ものにも依存せず、絶えず自らを私たちの知る現実の世界の上に注ぎ続けている。創造とは、物事がどのように始まったかに関する理論ではない。聖トマス・アクイナスが言ったように、創造は、全てを神との関係で見る方法である。私たちが遭遇するものが存在するのは、神がそのようになることを選ばれたからである。

勿論、様々な問題が直ぐに現れ始める。アクイナスが言ったことを誤解して、神が万物の中心におられるなら、神と世界の間には、本当の違いが全くないと考えるかもしれない。それは汎神論と呼ばれ、「神は万物と同等である」とみなす。このような混同が起こるとき、忘れてならない要点は、神の行いと、一般的な行いとの間には違いがあるということである。前者は、自分以外の何ものからも影響を受けず、完全に独立している行いであり、後者は、相互作用、または、相互関連という体系の中で互いに結びつき影響し合う行いである。神は、まるでゴムバンドのように「伸びる」ことはなく（神は論理的にそれができない）、液体のように流れ出ることもない。神は、ご自分ではないものを造り、その全てと、自由で愛情深い関係を始められる。それは、手紙の中身のように、自らの「中」で起こるのではない。神は、その中にはおられない。これらは時空を越えた関係である。なぜなら時空が存在するのは神が創造する動きをされるときに限るからである。創造が起こらなくても、神は神のままであろう。その栄光と美しさは変わらない。神が事物の中に存在されるのは、自然の法則とは違い、自らの自由意志で決められた結果である。それに対して、汎神論では、存在するすべての事物が合わされて神に至るとか、神は、そのような総計の中にある普遍的な原理であるとする。キリスト教の主張では、存在する事物の総計が、神の行いと意志によって結束している、そして神は、それをしても「疲労困憊」されることはない。もし仮に天地万物がなくても、依然として神は存在されるだろう、それ以前と同じく偉大であろう。

しかし、すべての問題の中で最大のものが残っている。それは悪（災い）の問題である。もし神の御業が、すべての事物、全ての物体、すべての世の成り行きの中心にあるならば、それは、苦しみや惨事、癌、津波についてどのようなことを暗示するのか。最初から明確にしておかねばならないのは、そのような疑問に対して、何も心配することはないという答えはない。そのような楽観的考えは、あたかも津波や地滑りについて、それは歴然とした出来事であり、「疑いや心配は無用です」と応えるようなことである。もしそのような能天気な状態になっているならば、目前のひどい苦痛や悲しみに鈍感になってしまっているのだろう。また、人間の命と幸福を軽視していることになるだろう。信仰がもたらす影響を示す最高の証しは、私たちがいかに真剣に人間の苦しみを考えられるようになったかということである。それ故に、冒頭の疑問に伴う苦悩が垣間見られる。すべての人間は、かけがえのない存在である。また、人の苦しみは、取るに足らないものではなく、単なる統計でもない。

従って、人間の命の価値に優劣があることをほのめかす説明は、信仰の根本的洞察の一つに反することになる。しかし、今日のように恐怖と災害の世では、神のことを語ることは全く無意味であると決めつける前に、少なくとも心に留めておかなければならないことがいくつかある。もし神が自らと全く異なる世界——相互作用と相互関連のある世界——を造られるとすれば、それは変化することができる世界を意味している。違った世の成り行きが一緒に進行し、絡み合い、様々なことを引き起こす。私たちの住む世界では、いかなる出来事にも、事実上計り知れないほどの様々な原因、要因があって、それらが特定の結果を生み出してきた。一方、もし仮に世の成り行きすべてが、変化していく際に互いに衝突しないように調整されていれば、世界は、単に関連した現象から成る独立した小さな集合体だけになり、ある一定の程度以上は変化しないことが保証されている。そのような調整された世界は、実際には神とどこが違っているかは疑問である。なぜならば、世界は、本来ならば、一つの体系——真の「体系ある世界」——として、変化しながら何らかの整合性、何らかの首尾一貫性をもつはずである。最近になって私たちが以前よりも真剣に考えはじめたのは、世界で起こる最小の現象さえも、相互に作用しその規模と反比例する驚異的な影響をもたらすことがある。例えて言えば、アジアにいる蝶々の羽がヨーロッパで竜巻が起こるのと関係があるというものである。多くの系統が互いから遊離し、相互作用が絶対に起こらない世界は、論理的に説明することが難しい。

首尾一貫した世界という概念の裏には、変化の過程が必ずしもスムーズに徐々に起こるものでもないという暗示があるようである。変化の相互作用が爆発的な時には、激変、即ち「すさまじい」出来事が起こることがある。例えば、ある特定の気温になると地震が起こり、火山が爆発したり、万年氷原が融けたりする。それでも人間や他の生物がいなければ、それはとりたてて語るほどの出来事ではないだろう。しかし、世界には整合性があり、相互に関連があることを物語る一部として、その変化の過程は、生命と知性を存在させるようになった。そのような自然の変化から生まれた世界には、また、思考し、計画し、選択する人間も含まれている。その世界は、人間がどこに住むかを選択する自由のある世界である。ひょっとしたら、火山が爆発するところに住むことを選ぶかもしれない。

神は、人間がそのような場所に住むことができないようにされるだろうか。あるいは、事態が非常に危険になると、神は、警告や奇跡によって、介入してくださるのだろうか。どれほどひどい状態になれば、介入してくださるのだろうか。ここまで考えるようになると、このような疑問を投げかけることには何か奇妙なことがあるように感じられるかもしれない。永遠の安全用ネットのある世界は、本当にあるのだろうか、そんな世界は、独自の整合性と規則性のあるところだろうか。

このようなことを言っても、アジアで起こった津波のようなものに直面するときに、何の慰めにもならない。また、神を疑問視したり、神に抗議したりするのを止めることにはならない。しかし、私たちは努力して考えを明晰にして、自然災害は自然災害であり、自然の法則が先行していることを認識しなければならない。人びとと動物が、いわば災害の激流に巻き込まれているのは、筆舌に尽くしがたいほど悲惨である。しかし、生き物に危険（リスク）があるたびに、神が介入し特定の変化を止める世界を想像できるだろうか。とにかく、世界で起こることの意味が、神によってベールで隠されているかぎり、連続性もなく時々発生する災いが起こっても、それだけでは、神の意図を即座に理解する方法はない。このような状況の中でも神を信じるに値すると感じさせるのは、繰り返して言うが、実際に人びとが、これらの脅威の真っただ中にあっても神の存在を感じる経験をすることである。但し、それは、なぜ災いが起こるかを説明する決定的な根拠を示すことにはならない。従って、第一章で述べたように、もし最悪の状態で切羽詰まっている人（注・エティ・ヒレスムやエーディト・シュタイン）が、心から神と向き合うことができれば、それは一種の証し、即ち、神のことを真剣に考えることができるという証言である。そうすると私たちは、この信仰の問題を勝手気ままなたわごとであると無視することはできない。

このことは、神が「リスクのある」世界を造られるということを意味するのか。これまで見たところでは、明らかにそうである。神以外のものは何であっても、リスクに晒される。神は、知力と自由をもった生き物が出現する世界を造ることによって、リスク性を極端な次元まで高めている。しかし仮にも神が「私の活力と行動の全ての面を世界に注ぐことにしよう、但し自由は別だが」と言われるとすれば、それは神が出し惜しみをされていることになるだろう。また、それは、かなり興ざめの状況になろう。なぜならば、自由な言動から生まれるだろう「真の」違いに対応する——最難関の挑戦——のを拒否される神のイメージが浮かぶからである。しかし、実際には、創造における神の目的は、自らの存在、活力、喜びを出来る限り多く注ぐことである。それには自由を注ぐことも含まれ、それによって、私たちのような生き物が自由に生きることができるようになる。聖書が言うように、創造の御業がいわばクライマックスの段階に達するのは、神が、他の何よりもご自分を十分に反映する人間を創造されるときである。即ち、自由に選択ができ、愛することができる存在を創造されるときである。創世記の第一章にあるように、神が「ご自分にかたどった人」を創造されたことは、他の創造とは次元が違う。とは言え、それは、必ず創造の一部であり、それとの相互関連性の一部である。このようなクライマックスが起こる時、創造の中に組み込まれているリスク性と不安定さが新しい次元に達する。安全に対する脅威は、自然界の変化のみならず、人間が行う選択にも存在している。その中には、時には全く馬鹿げたものもあり、神と他の人びとに対する敵対的な選択もある。

もし少し不敬な言い方をすれば、神は本当に世界を造るのを「真剣に」考えておられるのかという疑問がある。もし真剣ならば、神は、自らの活力を出来る限り多く世界に注がれ、それを自らの中に引き戻されることはないだろう。そうなれば、神の自由、神の愛、神の能力（新しいものを作り関係を築く能力）を少しでも代表する実体（人間）が天地万物の中にいてしかるべきである。神は、実際に天地万物を真剣に考えておられるが故に、自由を与えられ、そのために様々なリスクがある。世界は、複雑な被造物であり、首尾一貫しているが、脆い。そして、このような創造に照らし合わせて、即ち、私たちが実際に住む世界に照らし合わせて、創造主に信頼を寄せるよう求められる。その理由は、神が私たちの安全を保障されたからではなく、むしろ最も絶望的なときであっても、神が私たちのもとに留まり、近くにおられ、自由に物事を前に進められるからである。危険に最も近い人びとの中には、神の存在を最も強く実感している人もいる。旧約聖書の中で、ヨブは筆舌に尽くしがたい損失と苦悩を経験したにもかかわらず、ある時、次のように言う。「もし彼がわたしを殺すことがあっても、わたしは彼を信頼するだろう」（ヨブ記一三15）。今日でも、そのように言う人たちがいる。私は、彼らのことを無視できないと思っている。

確かにそうだろうが、これは世界がどのように動いているかを示すには少々地味なイメージであると言う人もいるかもしれない。そもそもクリスチャンは奇跡を信じているという前提があるのではないか。聖書には、自分の都合に合わせて被造物に自らの意志を押しつける神の姿がはっきりと描かれているではないか。もし聖書に書かれていることが正しいのなら、「なぜ神はあそこに介入されるが、ここには介入してくださらないのか」という苦悩に満ちた叫び声が時々聞かれるのは当然である。祈りによっては、なぜ希望が叶う場合と、叶わない場合があるのか。かつて次のような生々しい例を聞いたことを思い出す。非常に陽気で自信に溢れたカリスマ性のある祈祷グループに参加していた人が、次のような質問を発した。なぜ神は、北アイルランドの紛争を解決しようとされないのに、祈祷グループのメンバーのために駐車スペースを見つけたぐらいで感謝されるのか。

これはまさに難問である。もしそれに少しでも答えようとするならば、第一章で全能に関する様々の違った考えについて述べたことを思い起こさなければならないだろう。また、全能ならば、望むことを何でもできる能力という観点で考えることに対する警鐘も思い起こさなければならない。私の考えでは、神の全能は、愛に溢れる存在の大波のようなうねりであり、常時、全ての事物の中心で働き、希望が全く見えないときも、扉を未来に開いている。それでは、全能は、奇跡の問題とどんな関係があるのだろうか。

一つ言えるのは、私たちは、一部の人びとが抱いているように思える奇跡のことを考えてはいない。そのような概念では、あたかも私たちの祈りを聴いている神を、申請書を受け取っている人に例えているかのようである。例えば、神が、ある申請書の項目に認可の✓印を付け、他の項目には不認可の×を付け、それを天使の行政職員にまわし、執行させるかのようである。五世紀に聖アウグスティヌスが提唱した考えには、もう少し賢明な見解を垣間見ることができる。彼によれば、奇跡とは、実際には少しスピードが早められた（早送りされた）プロセスである。これは少々単純すぎるかもしれないが、聖アウグスティヌスは、中世の哲学者たちがそれぞれ違った方法で徹底して議論した内容を十分に理解したうえでそう言った。彼は、次のように考えていた。もし神の御業が常に私たちの周りで働いており、いわば、常時「身近に」あるならば、神の御業と世界の変化の成り行きが、競い合っているライバルと考えるべきではない。もし世界の成り行きの特定の要素どうしが共に合わさり、予期しないのに起こる事象全体の中に、時には、神の最終目的がより明確に見えることがあれば、それをどう考えるのか。また、もし万が一、世界の動きの中に、時には神の潜在的な働きがもう少しはっきり見えることがあれば、それをどう考えるのか。

神は、いつも働いておられる。しかしその御業はいつも見えるとは限らない。神はいつも働いておられるが、時々、世界の変化の成り行きが、神の最終の目的と共同で働くこともあれば、それに逆らうこともある。しかし、世界で特定のことがしばしば神の目的と同時に起これば、「流れ」はよりスムーズになり、そしてより直行的になるだろう。恐らく本当に真剣な祈り、または、本当に聖なる人生は、神の目的に向けて、いっそう自分の心の世界を開放するであろう。その結果として、予期しないことが起こる。しかし、そのようなことがどのように展開していくのかは完全には分からないだろう。なぜなら、私たちには神がもっておられる大局的見通しがないからである。しかし、私たちが考え、発言し、または行うことの一部が、「計画変更の余地」を神に与えるかもしれない。実際に何が起こっているかを十分に理解できるか否かにかかわらず、はっきりしているのは、そのようなことが起こるように出来る限りのことをしなければならないということである。神がもっと直接に関わってくださる状況が起こるように祈り、行動するべきである。奇跡は、私たちが操作できるプロセスではない。それは魔術でもない。私たちが祈り求めるものを確保する手段の包括的な手引書もあり得ない。成功するための秘訣があれば非常に安心だが、そのようなものはない。ただ分かっているのは、祈り、信じ、神の前で誠実に生きる(「聖なる」人生を送る)ように召命を受けていることである。心の扉を開いた状態に保ち、様々なことが一緒に起こるようにすれば、愛が私たちに伝わってくるだろう。

既に述べたように、神は、常に扉を開いた状態に保ち、新しいことを出現させる自由をもっておられる。しかし、私たちには、自らをこのような自由のためにもっと役立てるか、役立てないかの選択肢がある。即ち、自らそれに献身するか、抵抗するか。このようなイメージを把握しておれば、なぜある祈りが「応えられ」、他の祈りが「応えられない」のか、その疑問についてじっくりと考えることに少し役立つであろう。祈りが叶う、叶わない理由は、神は、人びとをえり好みされるからでもなければ、また、裏から手を回す人がいたり、神が大々的な祈り運動に屈服されたりするからでもない。時折、祈りが応えられたことについて、そのような対策が功を奏すると言う人がいる。しかしクリスチャンとして一瞬でも考えれば分かることだが、そのような対策は、神について実に馬鹿げた失礼な考えであることを暗示している。私たちに分かる唯一のことは、私たちの祈りや、愛または献身が、ある状況において、物事の成り行きのバランスを変化させ、神の目的に向けて扉を更に大きく開く多くの要因の一つになるかもしれないということである。

しかし、イエスの奇跡は、もっと明々白々ではないかという声もあるだろう。確かに、ある意味ではそうである。当然、そのはずである。イエスがおられるところには、特別に密度の高い祈りと神聖さがある。従って、人間としての実体のイエスの近辺では、扉は、絶えず、より大きく開いている。同じことが、多くの偉大な聖人についても言える。そうとは言え、聖書には、イエスが場所と時をかまわず、ご自分が望むことを為すことができたとは示唆されていないことに注目するべきである。イエスが自ら言われているように、人びとが病気を癒される理由は、彼に寄せる信頼があるからである。そして、そのような信頼がない時は、イエスは癒すことができない。マルコによる福音書の第六章には、少数のクリスチャンを少し憤慨させたくだりがある。ナザレではイエスが「多くの偉大な御業をすることができなかった」とある。その原因は、人びとがイエスに懐疑的であったからだ。イエスがおられた場所でさえも、必ずしも奇跡に必要なすべての要因が連携していたのではなかった。

従って、イエスは、かなり初期の時代のキリスト教絵画の中では、時々、手に魔法の杖のようなものをもった柔和な姿で描写されているけれども、彼は魔術師ではない。彼の奇跡が起こるのは、自らが示される限りない同情の念と、状況の中にある他の要素とが十分に連動するときであり、その時、何かが解き放たれ変化する。ここで言う他の要素とは、例えば、苦しんでいる人からの信頼や、場合によっては、彼らの両親と友人からの信頼である。奇跡は、完全に神の御業であると同時に、祈りや信頼、受容力によって、神が世界の中に入って来られる余地を作る結果として起こる。更に重要なことを補足すると、もし奇跡が起こらなくても、必ずしも、悩める人が十分な信頼を示さなかったとか、癒される価値がなかったという意味ではない。残念ながら、このようなことを示唆する似非《えせ》「治療者」がいる。彼らは、人びとに酷い被害を与えている。要するに、どれほどのことが祈りによって変更され、どのような他の環境が、祈りの成就の邪魔となるかは十分には分からない。

イエスのストーリーには、最も有名な二つの奇跡がある。今、少し述べておく価値があるだろう。なぜなら、それらは次の章で書かれていることと関係があるからである。奇跡の一つはマリヤの処女懐妊と、もう一つは空の墓である。即ち、イエスの誕生は、通常の妊娠から独立した神の御業であったという主張である。もう一つは、彼の死後、体は墓になく、違った姿になって友の前に現れたという主張である。多くの人びとにとって、これらは理解しがたい。それらを信じるか信じないかということが、キリスト教の教義を完全に受け入れているかどうかのテストとして利用されることがある。実は告白すると、私はこのようなテストには心穏やかでない。その理由は、このようなストーリーを別々に切り離し、別個に「合否」を尋ねることにはあまり意味がないからである。しかし、同じように心穏やかでないのは、一部の人びとが、奇跡という概念が空虚で弁明の余地がなく、これらのストーリーがメタファに過ぎないと単に決めつけていることである。もしそのように決めつけないで、神の御業が、世界に存在するものの中で常に激しく燃えている――それはいつも私たちの認識の片隅にある――というイメージから始めたらどうだろう。そうすれば、ことごとく懐疑的になることが少なくなるかもしれない。命という扉がマリヤの体の中で開くためには、それまでは彼女の信仰はどのようなものであったのだろうか。また、死がその扉をイエスに閉ざすことができず、彼を過去に追いやることができなくなるには、彼の信仰と神との親密な関係はそれまでどのようなものであっただろうか。勿論、このようなことを考えても、奇跡という疑問を解決することにはならないが、考える価値はある。これらのストーリーを信じるからといって、奇跡を魔術と考えることにはならない。換言すれば、『ここでは』介入しよう、しかし、『ここでは』事態を自然の成り行きに任せよう」と単純に決断する神を信じることにはならない。

不思議なことに、神は世界を造られた時、人間のなすことが、世界の歴史のどの時点であっても、ご自分が成し遂げることの助けになる、または、妨げになるようにされた。私たちが神の求めることに熱心に賛同し共感を示すことによって神の意向に沿うとき、逆の場合には予期できなかったことが起こるかもしれない。いかなる奇跡も信じないという偏見があるのは、「創造主」

の確かな臨在と御業についての確信のなさが潜んでいるからだろう。言い換えると、いつの時も私たちの周りにある神の御業の燃えるような強さに確信がもてないからだろう。御業について、時計職人のイメージが反映されているのかもしれない。つまり、世界は、遠い昔に神によってゼンマイがいっぱい巻かれて以降、途絶えることなく、着実に時を刻んでいくというイメージである。しかし、そのようなイメージを、聖書とキリスト教の信仰とに一致させることは難しい。私たちが住む世界は、一方では、神の活動的な臨在が目に見えず不可思議なところであり、他方では私たちがどこにいようとも、また、何が起こっていようとも、神が息苦しくなるほど近くにおられるところである。詩人ウィリアム・ブレイクは、子どもの時、ロンドン南東部の町ペッカム・ライで木々に沢山の天使がいる幻想を見た。彼は、不安定かもしれないが、御しがたく、恐ろしくもあり素晴らしいものが表面下で鼓動している世界に私たちを導いてくれる。（注・ブレイクの幻想的な傾向は子どもの頃からのものだった。少年時代にたびたび見た幻想的な光景を、壮年になっても忘れず、そのビジョンをありありと描き続けた）。この点で、ブレイクは時計と時計職人の比喩を使ったウィリアム・ペイリーよりも、説得力がある。

そのような状況が引き起こすかもしれない考えがいくつかある。それらは、私たちが実際にどのように世界で身を処すべきかに関するものである。ニケヤ信経では、「わたしたちは、唯一の神、全能の父、天地とすべて見えるものと見えないものの造り主を信じます」と言う。創造とは、私たちの理解を超えるものであり、たまたま私たちのために存在しているものではなく、目的をもっているということが思い起こされる。信経と似かよった考えが、クルアーン（通称コーラン）の第一六章に書かれている。即ち、神は、私たちと私たちの幸福とに関わる目的のために生物を創造され、私たちには全く見当がつかない目的のためにも生物を創造された。明らかにキリスト教徒とイスラム教徒は——恐らく他の宗教の信徒も——この点では意見が一致する。世界は、決して単に私たちが管理し、自分たちのために利用するためだけのものではない。そこには計り知れない次元がある。今日、諸々の隠れた現実、隠れた因果関係、更には、気づくのが遅すぎる因果関係——炭酸ガス消費の大気圏への影響——がある。世界にある事物は、先ず「創造主」との関係で存在し、私たちとの関係は、その後に起こる。従って、創造された秩序の中にある何かに接する時は、敬意と謙虚さを持つべきである。現在の生態系の危機は事実上、中長期に亘る、人間の生存にとって最大の危機である。信仰のある人びとの意見では、このような危機の要因は、世界が神の神秘との関係で存在していると考えず、自分たちの都合のために利用できる巨大な資源の宝庫として考えているからである。

神は、私たちが見て管理できるものと、見ることもできず管理もできないものを造られた。そのような世界には、私たちが理解できるものと理解できないものがある。とは言っても、理解する努力をしなくてもよいと言うのではない。私たちの観点からは、必ずしもすべてが理解できるわけではないということである。従って、私たちは絶えず当惑し、驚くことになる。このことは、キリスト教の教えの中で天使のことを語る重要性を示唆しているように思える。天使は、神の目的の代理人として神秘的な存在であり、私たちとは違う秩序に属している。従って、奇妙に聞こえるかもしれないが、天使は、少なくとも、私たちが全く窺い知れない世界のあらゆる事象の強力な象徴かもしれない。私たちの視界の近くでは、いろいろなこと、特に栄光に満ちた素晴らしいことが起こっているが、私たちはそれに気づかない。私たちは、天使のことを感傷的に捉えて平凡なものにする傾向がある。そのため、天使は、クリスマスの飾りつけや困っている人を助ける妖精になってしまっている。特に、最近の天使についての異常な出版ブームの中ではそう言える。しかし聖書では、天使は少し恐ろしい存在で、時々、私たちの視界をさっと通り過ぎていく。彼らは、私たちが十分には分からない不可思議な奉仕を神のために行っている。天使は、賛美と祈りの世界では当たり前の存在になっている。強大な「けだもの」、「生き物」、火を吐き空を飛ぶ蛇、神の馬車を運び、エルサレムの神殿を賛美のどよめき声で満たし、海のクジラのようにお互い声を掛け合っている。このような天使は、イザヤ書とエゼキエル書に出てくる天使であり、決してクリスマスカードの素材ではない。そして、時々、人間の姿になって神からのメッセージを伝えるために現れることがある。あるイベント中に参加者たちが、ある瞬間、何か恐ろしい決定的なことが起こっているという気持ちになることがある。その時、彼らは、たった今、変装した天使に遭遇したと認識する。

さて、天使の存在を文字通り信じたく思うか、思わないかに関係なく——多くの現代のクリスチャンは、その存在を理解できずにいる——天使は、この世界で私たちの認識と理解の「片隅にある」すべての事物——いつも私たちの周りで聞かれる共通の賛美の歌を含めて——を少なくとも手っ取り早く表現するものであると見做してはどうであろうか。もし何事も合理的に解釈しようとするならば、神の御業の活気と奔放さと関係のある重要なことを見落とすことになる。なぜならば、神が天地万物を創造された目的は、単に、私たちが自分たちの計画を発展させるための舞台としてだけでなく、そこには多様なものや異質なものが圧倒的に豊富にあることを示すためでもある。

最近では、天使のことを真剣に考えることに、多分、柳眉《りゅうび》を逆立てる人びとがいることを私は認識している。しかし、天使を語ることは、単に風変りな空想に耽《ふけ》ることではない。私たち自身の運命をもっと大局的に見ることは、今日のような妄想に憑《と》りつかれ、何かに病みつきになっている時代にあっては、決して時間の無駄ではない。そのような時代には、人間は、何かが自分に全く関係がなければ、重要ではないと考えたくなるものである。しかし、最後に、全ての事物の根源である神への信仰に関するもう一つの観点を考えてみたい。教会の「信経／信条」が書かれた時、非常によく知られたライバルとなる制度がいくつか存在していた。それらの制度は、全能の父なる神が天と地を創造したのではなかったという想定に基づいていた。何しろ私たちが経験する世界は複雑で、多くの面で暗くて危険に思える。おまけに、醜い部分もある。起こっていることの多くは無意味のように思える。従って、現在ある世界は、あまり有能でない二流の神によって造られたと言うほうが単純で分かり易くはないだろうか。或いは、世界のある部分は、神によって造られ、他の部分は、敵対的または邪悪な力によって造られたと考えるのはどうだろうか。

スズメバチの大群が発生した夏を体験した人びとは誰でも、このような実に悩ましい生き物は何のために存在しているかと怪しんだことがあるだろう。もっと真剣に考えれば、上記のように、創造したことに対する責任を、違った勢力どうしの間で分ければ、なぜ災いが存在するかという問題は、最初のうちは、きれいに解決がつくように思える。このような解決法は、キリスト教が成長した世界では極めて魅力的であったし、今でもそうである。従って、「信経／信条」の冒頭を、世界の何ものも偶然の出来事や惨事の結果ではないという明言で始めることが非常に重要であった。聖書の創世記第一章にあるように、神は造られたものを「良し」とされた。何ものも（そして誰も）本質的には悪くはない。既に見てきたように、世界の中の様々な要素の間の緊張と衝突が、私たちが悪いと判断する状況を生み出す。これは、様々な出来事の相互作用の結果であって、特定のものや人びとの内部にある何かの「ウイルス」（当然のことながら、悪いもの）の結果ではない。従って、あらゆる領域の人間の経験や自然現象、世の動きが、神にとっての関心事である。神にとって本質的に好ましくない物や人は存在しない。また、神にとって無意味なものも存在しないし、全ては神の責任である。

きっと周知のように、これまでのクリスチャンの話し方から、時には神について上記とは反対の印象をもつことがある。最も有名な例を挙げると、数世紀の間、体と情緒（注・物質と精神に関する二元論）について多くが語られてきた。その間、強く示唆されてきたのは、神は、私たちの存在のこのような面を回避される。神に気に入ってもらうには、この話題についてできるだけ触れずにおくべきだということであった。しかし、私たちの生き方の「承諾できる」面だけに関心のある神は、嘆《なげ》かわしいほど限界のある神になっていくだろう。世界の多くの事象が非常に苦しい道徳的、かつ、想像上の疑問を投げ掛けているときに、神は世界全体に対して責任があると言うのは、非常にリスクがあり、疑問を含む発言であるが、それよりも、全ての範囲の現実に関わることに対応できない神をもつことのほうが、もっと問題であると私は思う。

　見えるものと見えないものすべての造り主を信じることは、実際には、非常に実際的で個人的な意味がある。それは、「統合された」人生を送ることに関わっており、私たちのある部分が秘密にされ、カーペットの下に隠されている生き方ではない。「見えるものと見えないもの」とは、私たち個人の生き方のいろいろな部分のことを意味している。私の人生には自分が認識していること、認識していないこと、認識しないようにしていること、恥ずかしく思うこと、恐ろしく思うことがある。しかし、私の実体のすべては、神が造られたものであり、うまくいった部分もあるが、そうでなかった部分もある。神が私に授けてくださったことの中で、私がうまく利用できた部分もあるが、台無しにした部分もあり、または、まだ受け入れていない部分もある。ところで、神が私たちの全部分を造られ、私たち誰にも関心をもっておられると言うことは、私たちは何をすることを選んでも構わないというのではなく、私たち存在の全ての面が、神の光の円の中に入るべきだということを示唆している。なぜなら、神はそれに対処することができるからである。また、クリスチャンが、政治や経済、芸術、スポーツなどに興味をもっており、難問を抱えて、貢献したいと思っていることがあっても不思議ではない。神が、本当に「この世界」の創造主ならば、神にとって本質的に無関心な分野は存在しない。

従って、神は、私たちの大部分が日々悩んでいる姿——混乱し、心配し、ばらばらな姿——を見て、何らかの健全な状態を作られる。神は、優しく私たちを導き、自分たちが受け入れがたいと思っていることと面と向かい、神の恵みによって、それをどのように意味あるものにするかを学ぶようにしてくださる。また、私の支離滅裂になった部分をまとめてくださる。神は、ご自分が造られたものに退屈したり、愛想を尽かしたり、いらいらされることはないだろう。私たちが勝手にそれを台無しにした時でも。このように、創造される神と赦される神とは全く一致している（このことは本書の第一章で暗示されている）。

信経の最初のくだりは、単に天地万物の始まりだけに関することではなく、世界の現在の状態や、私たち個人、社会の現状に関することである。信経は、個人を他の人びとと一体化させ、世界と一体化させてくださる神、また、私たちにある暗闇を取り去り、癒し、光の方へ向かわせてくださる神への信仰を述べている。神は、私たちの魂と私たちの体から、一つの意味のある命を作られる。後に分かるように、復活の信仰では、神が永遠の命の中に招き入れようと望まれているのは、私たち自身のぼんやりした断片ではなく、体と魂を備えた実在である私たちである。私たちの様々な生き方は、今は、ばらばらになって対立し、不完全ではあるけれども、「わたしたちは、唯一の神、全能の父、天地とすべて見えるものと見えないものの造り主」への信仰を表明する時、私たちの生き方が、将来、一つにまとまり、結束するという希望を表明している。それは、ちょうど多様で不安に満ちた世界そのものが、神のお陰でばらばらにならず結束しているのと同じである。その結果、神ご自身の首尾一貫した活動的な愛と美しさが、天地万物の中に反映されることになる。私たちは、創造された実体の複雑な体系の中にあるが、すべての源である寛大で見返りを求めない愛を、自らが幾分かでも、他の人に示すことが期待できる根拠がある。なぜならば、私たちは、愛情に満ちた神にかたどって創造されているからである。

第三章　頼りがいのある人

父の独り子、わたしたちの主イエス・キリストを信じます

第一章では、クリスチャンが、なぜ信頼できる神のことを話すのかという理由を垣間見てきた。この神は、自らの目的を明確に示されているからである。二〇〇〇年前、ナザレのイエスの人生は、彼に最も近い人びとから神の本質と意図を知る鍵と見られてきた。イエスがいるために、私たちの人生と永続的な喜びを促進することに専心されている神の概念を把握できると考えられていた。彼が十字架上で処刑されてから数十年以内に「神は、御心のままに、満ちあふれるものを余すところなく御子のうちに宿らせた」（コロサイ一19）と言うことが可能になった。ここに見られるのは、神の目的で貫かれ、神の行動がはっきりと見られる人間の生き方である。そのために、人びとは、神の活力が別の伝達方法に「転化」されたものと見ている。神は見事に、かつ、特異な方法で活動されている。

では、いったい、このような主張がどのような経緯によってなされるようになったのか。イエスの時代のユダヤ人社会は、このような働きに慣れていなかった。当時、多くの人が、自分は甦

りの世界のメッセンジャーとして神から塗油されたと主張し、または、そのように考えられていたが、誰も、そんな言葉に興味を惹かれなかった。ましてや、諺にもあるように「遠くにある世界には憧れの気持ちが加わり、実際よりもよく見える」のでもなかった。従って、イエスの本当の経歴が長期間にわたって忘れられていた時、彼に関する記憶を巡って奇妙な幻想が綴られた。最も極端な主張のいくつかは、新約聖書の一番古い部分に現れている。それは、ナザレのイエスをよく知っていた人びとの生涯と居住地域の範囲内で流布した話である。

先ほどの疑問に答えるには、まず最初に「信経／信条」があまり述べていない分野――四つの福音書に描かれているようなイエスが生涯にされた働き――を見ておく必要がある。イエスが強調されたと記録されているのは、神の国がまさに到来しようとしており、人間の世界に突如現れるということであった。人びとは、神が王であるとは何か、他ならぬ王の支配のもとにのみ生きるとは何か、を彼から学ぼうとしていた。そしてイエスの大胆な提案では、神が王である世界及び共同体に住むことは、非常に単純なことである。そのような世界に住むには、イエス自らが発言し、示しておられることに「賛同」するだけで可能になる。神の統治のもとで住むことは、イエスと共に住むことを決意し、イエスが神と人びとについて発言されていることを信頼すると可能になる。

もしそれを信頼し、イエスと共に生きるならば、新しい世界の民、即ち、神の世界の民になる。それでも、他の多くの勢力が支配することを主張している日常の世界に依然として住むことになるが、既にそれらの支配から自由になってしまっているだろう。その際、それらに協力するか、しないかは自由である。それは、他の勢力が、神による支配をどの程度許可するかに拠る。あなたの発言と行いは、来るべき出来事を示すものとなるだろう。あなたの生き方は、神の国を前もって味わう予兆となるだろう。その生き方は、出来るだけ多くの人びとが同じ神の統治のもとで暮らすように誘うことに向けられ、また、神に逆らい、人びとを奴隷状態にする勢力（自然であろうと、超自然であろうと）に抵抗することに向けられるであろう。

マタイによる福音書の第五章にある「山上の説教」（「心の貧しい人びとは、幸いである」など）として有名な文言は、従うべき規律のリストというよりも、むしろどのような生き方が神の意向に適っているかを示している。そのような生き方の特徴は、神が主導しており、神の良い特質――赦し、誠実さ、平安と正義への願望、攻撃の下での忍耐力――に頼ることである。このような生き方をする人びとは、既に新しい世界に住んでいる。神の国は彼らのものである。以上のことから明らかなように、このメッセージは、極めて社会的であるのみならず政治的でもある。また、政治的かつ社会的改革だけでは捉えられないメッセージであろう。これらのテキストの中で概略されている生き方は、私たちの現在の世界の中のあらゆることに疑問を投げ掛けるだろう。しかし、個々人の変革は、イエスが発言されて示されていることに、個人的に賛同しさえすれば始まるものである。

イエスが説教をされていた歴史上の世界という観点から見れば、これまで述べてきたことは、当時、現実的で直接的な妥当性が幾分かあった。イエスの時代のユダヤ人たちは、その大きな変革が来て、神の国が完全に樹立した時、どのようにすれば神の民の真のメンバーになれるのだろうかと痛切に心配していた。異なったユダヤ人のグループが対抗的解決法をもっていた。例えば、生贄の律法と僧侶階級の要求に従う、または、口承の律法のすべての項目に従う、または、砂漠に行き、共同社会の中で厳格で純粋な生き方をする。これらが、真のメンバーになるのを保証するであろうということであった。イエスが言われることは、これらのグループがそれぞれ独自に当然と見做している所属の条件（儀式的、法的条件）を超越している。イエスの革命的な主張は、神の民になることはどのような意味であるかを見直すことを提案している。

そのことがどれほど革命的であったかを感じるには、旧約聖書で、イスラエルの民が存在するのは、ひとえに神からの召命または招待があるからだと強調されていることを思い起こせば分かるだろう。聖書の第五番目の書、申命記のような書——最も重要なイスラエルの律法の集大成——を見て気づくことは、イスラエルが共同社会として存在するのは、ひとえに神がそうするように選ばれた故、即ち、神の約束と招待の故であるという概念が強調されていることである。そこへ、今は、人間の教師、ナザレのイエスが登場し、実質上では、「もしあなたがたが『わたしの』約束と招待を受け入れるならば、神の国の民になるだろう」と言われる。神と共にあること、即ち、新しい世界の民になることは、イエスに献身し、信頼を寄せ、彼の行いの中にイスラエルの王自身の御業を見ることと密接に関わっている。また、それは、この世界の中で、特にご自分の共同体となるようにと呼びかけられた共同体を作り直し再創設することにも密接に関わっている。イエスは、当時のイスラエルの生活の規範では歓迎されなかった人びと――儀式規則を守ろうとしない人びと、または、これまで道徳律に従ってこなかったので共同体への復帰が必要であった人びと――を癒し、赦し、歓迎された。ここには、イエス自らが「神の指の働き」と呼ばれたものが見られる（注・これは、出エジプト記八15にもある表現）。

これについてもう少し付け足そう。イエスと共にあることは、神との新しい関係に進展していくことである。イエスに従った人びとは、祈る方法を教えてくださいと頼むと、イエスは「わたしたちの父よ」と始めるように言われる。イエスの友たちは、神との懇意な関係を彼と分かちあう。それは、何よりも家族の関係と似ている。もしイエスが立っておられるところに立てば、イエスが言われることを言うことができる。また、多くの複雑な宗教的または儀式的条件を経ることなく、父としての神のもとに行くことができる。イエスと共にいることは、いわば、澄んだ空のもとにいることである。そこにはあなたと万物の創造主との間に仲介者はいない。聖パウロは、少し後にそれを表現して、イエスの「中にある」と言っている。イエスは、私たちすべてが立つ場所を示された。また、神と私たちの間に、ご自分を割り込ませるのではなく、私たちを、自らの生き方と経験の中に取り込むことによって、何か新しいことを始められた。私たちは、単に神の新しい統治の下で暮らす民ではない。私たちは、神の親密な家族の中に受け入れられている。

このことを念頭において聖書を読んでみよう。そうすれば、イエスの若かった時の生き方には穏やかで、はっきりしたところは何もなかったことが分かる。かつて、カンタベリー大主教ウィリアム・テンプル（注・在一九四二—四四）は、ある現代の神学による解釈では、イエスについて次のような印象があると言った。イエスがエルサレムに行った目的は、「父なる神の父性愛」と「人間の友愛」という概念（両者は密接な関係にある）について一連の説法をするためであったが、彼は不幸にして、私たちには理解できないほど濡れ衣を着せられた。誰がイエスの愛と和解のメッセージに反対することができようか。実際には、「多くの人びと」が反対した——イエスの時代にも私たちの時代にも。イエスが活動された時代の一触即発の政治的、宗教的環境では、神に代わって、新しい民または国を作ること、新しい統治形態を設立すること、神との関係についての考え方を変えることを主張することは、易々とは受け入れられなかった。その結果、人びとがイエス自身について言ったことは、偉大なる教師に寄せられるような敬意ある言葉だけではなかった。

やがてイエスに従う人びとは、彼についてとてつもない言葉を使い始める。初期の時代のキリスト教信仰のどの段階でも新約聖書には、人びとがイエスのことを「単に」教師または預言者と考えていた記述は驚くほど少ない。その理由は、イエスの「考え」ではなく「行い」に重点が置かれているからである。イエスは、特異な方法で礼拝する新しい共同体を作ることによって、自らの行いと招待により、人間の社会に大きな変化をもたらされた。これを目の当りにして、「何と興味深いことか」という人はほとんどいなかった。むしろ「一体、私たちが相手にしている男の正体は何だ。どんな権限でこのようなことを言うのか」と言う傾向があった。なぜならば、この時代のユダヤ教の世界には、天使の力について多くの憶測があったからである。当時、天使は、神の栄光に少し与り、最終日に何らかの形でこの世に現れるかも知れないと考えられていた。イエスは、このような憶測の世界で使われていた言葉と詩的表現の一部を直ぐに採り入れ説教された。それは、パウロ書簡とヨハネの黙示録及びヘブライ人への手紙にもある。更に、新約聖書のストーリーが展開するにつれ、記者たちが、次々と天使の力に言及することなく新しい記述をしようとしていることが分かる。例えば、もしイエスの人生に人間の力以上の力が働いているなら、それは、もはや、神の前に立っている高位の天使の力だけではないと考えるようになった。もう彼らの出番はなくなってきた。更には、この新しい力は、あたかも自分と神との間に全く隔たりがないかのように、神の約束を自由に与えることができる力と考えられた。

新約聖書は、ぎこちなく、ゆっくりと、また、複雑な筋書き、一見して矛盾点も抱えながら展開していき、ついには、世界の創造主が、イエスの生き方と行いをとおして途切れることなく働いておられるという途方もない考え方に向う。つまり、イエスがされていることを、実際にされているのは神であるという考え方である。古い讃美歌に「もう神は、私たちに天使を遣わされなかった。高位の天使であろうとなかろうとも」とあるように、天使はお払い箱になった。これは、ヘブライ人への手紙第一章にある言葉（注・「御子は、天使たちより優れた者となられました」）を受け継いだものである。この第一章は、天使の力について言われていたことと、イエスについて言われていたことを明確に線引きする必要があったと言っている。

しかし祈りは、しばしば概念（理論）に先んじて起こるものである。この二つの違いは、新約聖書の記者たちの頭の中で、徐々に明らかになっていくことが分かるが、永い間、何かが彼らの心と想像力に起こっていた。使徒言行録は、キリスト教共同体ができて最初の五年間の記録であるが、その初めの部分で、聖ルカは、最初のクリスチャン殉教者ステファノの劇的な裁判と処刑のことを描いている。ステファノは死ぬとき、祈り、一見したところは躊躇することなくイエスに向かって「主イエスよ、わたしの霊をお受けください」と言った（言行録七59）。福音書の中でイエスに従う人びとが「風や湖さえも従うこの方はどういう方なのだろう」（マタイ八27）と尋ねるように、また、彼の敵たちが「罪まで赦すこの人は、いったい何者だろう」（ルカ七49）と尋ねるように、私たちも、また、「わたしたちの霊を受けてくださるこのお方はどういう方なのだろう」と尋ねるかもしれない。聖ルカによれば、イエスご自身が死ぬとき、自らの霊を主にゆだねられる。そして今、ステファノは自分の霊をイエスにゆだねている。言い換えると、クリスチャンたちは、イエスがあたかも完全に神と共にあり、神とつながっており、神がなさることをすることができるので、イエスが神であるかのように話しかけてよい存在であると見ている。

聖書の最後の書であるヨハネの黙示録には、復活されたイエスが現れると、一連のビジョンが起こる。イエスは、伏し拝む預言者から挨拶される。黙示録の後のほうでは、預言者が天使の前でひれ伏そうとしているとき、かなり厳しく叱責される。

ここで注目すべきことは、このようなことすべてが、礼拝とイメージの次元で非常に急速に辻褄が合うようになったということである。ただし、理論の構築は、それに追いつくには時間がかかった。すべては、長くても現代の私たちと第二次世界大戦との隔たりほどの期間に起こっている。多くの証拠によれば、他のことはもっと短い三〇年以内に起こった。イエスを神性ある存在と見なすことについて、外国人（ギリシア人）が、悲劇的な死を遂げられた偉大な教師であるイエスという当初の考えに、後から付け足したものであるという考えが一部の人の間にあるが、この考えは全く理にかなっていない。イエスの生き方において起こっている意表を突く考えは、当初からのものである。後に、イエスについての信念は補強され、彼の友の多くが、外国へ出向き、外国語で知らせを分かち合うことになった。彼らが確信していたことは、イエスについて述べることは、どこへ行っても、誰と会っても、同じように妥当であるということだった。理解するには、パレスチナ系ユダヤ人である必要もなく、ギリシア語、アラム語を話す必要もなかった。

それは重要な点であり、驚くべき点でもあった。なぜなら私たちは、古代世界では、いわゆる「宣教」活動がほとんどなかったということを忘れがちになるからである。宗教的行事は、主として地域で、各民族ごとに行われた。小さなカルト集団が旅行し、自分たちの本拠地から離れて、成功を収めることがあった。しかし、当時の世界で、イエスの友以外に誰も「この」ストーリーはみんなで共有されるだろうと主張していなかった。イエスとつながった共同体が、どのように地中海のギリシアの都市に、そしてローマに、更にその向こうに広がっていったかについては知られている。あまり知られていないのは、初期の時代に、どのように宣教者たちがペルシャとインドに旅行したかということである。自分たちがイエスについて話すことが、他の場所と同じくペルシャとインドでも刺激的で元気づけるものになるだろうと、彼らは確信していた。彼らは、イエスを「頼りがいのある人」、すべての風土と言語に適応し、彼の存在は人びとのいかなる状況をも変えることができると思っていた。このように言うと、それが神の全能的な本質、いかなる状況も変化させる本質を彷彿とさせることが分かる。

だからイエスは、神の目的と御業を具現化し、それを目に見えるようにしていると考えられている。また、平和と賛美及び神との和解と私たち相互の和解が、私たちの運命であることを明らかにされる。イエスは、これらを単に目に見えるだけではなく可能にされ、神は信憑性があり信頼に値することを見事に示される。コリントの教会に宛てた二つ目の手紙で、聖パウロは「神の約束は、ことごとくこの方において『然り』となったからです」（コリントⅡ一20）と言っている。そして、イエスは、神の約束が信頼できることを証明される。

しかし、これだけでは終わらない。人間イエスをとおして、神の御業が、遮られることも邪魔されることもなく働いている。更には、福音書でのイエスは、祈りを捧げる人であり、また、自らの意志と決断を父なる神に役立てると言っておられる。また、父として祈りを捧げる神に「依存」した関係の中におられる。イエスの中に神の目的、力、御業が見られる。しかし、また、謙虚さ、敏感さ、感受性も見られる。イエスの中の神の存在が彼の言動のすべてに見られる場合、それは、徐々にこの謙虚さ、敏感さの中に表出される。単に、私たちが理解しているような権威の中にだけ表出されるのではない。徐々に鮮明になってくる更に深い事実がある。それは、私たちの解釈している「神」は、単に権威と主導力を発揮するだけの神ではないということである。神は、愛と感謝を受け、そのお返しもされる。イエスは、強く主導的立場にあるから、神であるのではない。イエスが神であるのは、父なる神に愛を持って話しかけておられるとき、また、人間としての自分が恐れたり願望したりしていることを、父なる神への愛の中にしまい込まれるときである。イエスの生涯を全般的に見れば、神の愛は与えることであり、受け取ることでもあり、また、神の愛は、外へ向かうことであり内に向かうことでもあり、かつ、主導力を発揮することであり、依存することでもあると思われる。神の概念について、早い時期から新約聖書の記者たちは、その解釈に苦労し始めた。なぜならば、神は、天上にいる唯我独尊の存在ではなく、被造物と関係を保ち、その中で御業を行って、人びとの間に違い（変化）を起こさせる存在であるという概念に至るのに苦労したからである。

世間に目を向けているときのイエスは、自らの行いの中に神の知恵と力が働いていることを表し、それに対して、父なる神に目を向けているときのイエス——父なる神に目を向けている御子——は、神の寛容さに対して、自らも神として、感謝していることを表す。神の活力は、賜物を注ぐ活力であり、それを授かる私たちの無私の感謝の気持ちが永遠に織り込まれている。イエスは、神の意思を私たちの本質と世界の中に具現化する神性のある存在である。彼は、父の賜物に惜しみなく、かつ、全身全霊で感謝される。そのような応え方には、神からの賜物と同じく神性がある。言い換えれば、その応え方は人間として、かつ、人間を越えた存在として表明する「完璧な」ものである。

クリスチャンが、以上のような考え方を表現する言葉——筋の通った言葉——を見つけるのに三世紀半を要した。そして、その時でさえも、最終的な理論ではなく、いわば暫定的な表現しか思いつかなかった。しかし、既にヨハネの福音書の類いまれな第一章（注・「初めに言があった……」）には、（処刑から多くとも六〇または七〇年後に）これらの概略が見られる。ヨハネによると、最初から神の強い活力が、その意思と目的、即ち「ロゴス」（ただし、言《ことば》は部分訳に過ぎない）から流れ出ている。この活力から世界が作られる。しかしそのような生き生きとした伝達的活力それ自体が、ギリシア語では文字どおりには、「神に向けられた」一つの生命体である。神の意思と目的は、神性のある存在（イエス）の中に具現化している。その存在は、神が注がれたものを、愛と誠意をもって、神に返している。その存在すべてが神である。しかし、それは、神の愛情豊かな活力が新しい形に具現化したものであり、与える活力ではなく、応える活力である。聖パウロは、このことをもっと具体的に表現している。即ち、キリストは、神の権威と知恵を表し、また、神が造られたもの全てを集め、それらを神のもとに帰還させる。なお、その帰還は、時空を超えて表出している永遠の愛の働きをとおして行われる（コリントの信徒への手紙Ⅰの第一章と一五章との比較）。このように、イエス・キリスト――神の民の一人で塗油された君主――は、二重の動きの中心におられる。一つの動きは、神の活力が世界に向けられていること、他は、世界が神と和解する旅に向かっていることである。

従って、聖書の記者が、イエスを単なる天上の権威者に仕立てあげる計画に満足していないことは当然である。ヘブライ人への手紙の記者が軽蔑して言うように、神は天使のうちの誰かに「あなたは、わたしの息子である」（イエスに言われるように）と言われたことがあるだろうか。イエスは、まさに、神の絶対的な永遠の愛と御業を具現化されている。しかし、非常に驚くべきかつ革命的なことがある。キリスト教が、宗教的に最も近い他の宗教と決定的に異なる要因は、神の活力は与えるだけではなく受けること、主導するだけでなく依存するという全体像である。このことが特に重要なのは、私たち人間――与え手のみならず受け手でもあり、依存するのみならず主導する関係の中で生きている――が、自らの生き方のあらゆる部分で、神の活力を反映することができるということである。例えば、何かの決断をする、あるいは神の愛を他の人に示しているときのみならず、自分たちの依存関係を認めるときも、感謝を捧げるときも、私たちが神ご自身にかたどって造られている表れである。絶対的な自立心という理想に執着している世界では、このようなメッセージは受け入れ易いものではない。しかし、それは本論とは関係のない別の話である。この驚くべき理解しがたいビジョンが意味することは、神は、決して愛のある関係をいちいち「始める」ことはされない。それは、永遠に自らの本質の表れの一部である。愛は永遠であり、神が世界を造られるときにのみに始まるのではない。

ここに一人の人間の物語がある。それは、外国の軍隊に占領されている僻地の町に住んでいた平凡な熟練職人——現代風に言えば、どこかバスラ（注・イラク南部の港町）付近に住む自動車修理工の話である。埃《ほこり》っぽく汚い道や田舎の小道を歩き、腹がすき、喉が渇き、寝ては起き、食べては飲み、普通の感情をもち、一生を終えた平凡な男の話である。私たちは、この話を、私たちの間でなされる神の御業の話として読むように求められている。なぜならば、彼の生き方が、人間にとって何が可能であるかの概念を変え、神はどのような存在であり、何を望まれているか、何をされているかをはっきりと示してくれるからである。従って、四世紀のニケヤ信経は、このことを踏まえて、次のように要約している。

わたしたちは唯一の神を信じます。
また世々の先に父から生まれた主イエス・キリストを信じます。

主は神よりの神、
光よりの光、
まことの神よりのまことの神、
造られず、生まれ、
父と一体です。
すべてのものは主によって造られました。

イエスの中で生き生きと働いているものは、神の活力から生まれた最初でユニークな「産物（結晶）」であり、それは無条件の愛によって生み出されたものである。そのユニークな実在と父なる神との関係は、子と親との関係に似ており、また、一つの炎とそれから点火されたもう一つの炎との関係と似ている——この例は、初期の時代のクリスチャンが気に入っていたが、今でもとても良い例である。一つのロウソクから別のロウソクに点灯しても、その炎は最初のロウソクよりも弱いのではなく、それと同じように明るく熱い炎がある。それは光よりの光である。源としての父なる神は、自らのすべてを、自らから発生した結晶、即ち、「生みだされた」実在である御子イエスの中心部に注がれる。イエスは、神の本質である生きた炎を無条件で惜しむことなく分かち合われる。彼は、「父と一体」である。彼の個性と本質は、神と全く同じように定義することができる。そして、このような永遠の関係の故に、世界が存在する——なぜならば神は、いつも関係と賜物を重視される神であるからである。

このことによって、多分、なぜ神が信じるに値するのかという中核の問題に近づくことができるだろう。神がイエスを通して見せられるのは、一途《いちず》にいつも変わらないご自身の姿である。神は、決して三〇余年の間だけ、三万年の間だけイエスのようになろうと決められているのではない。神は永久にご自分以外の何ものでもない。前世紀の最も偉大なアングリカンの思想家の二人——マイケル・ラムゼイとジョン・V・テイラー——とに関連する表現がある。「神はキリストのようであり、神には非キリスト的なものは全く存在しない」。イエスの中に見られるのは、神の本質である。神の本質は、無私の愛を注ぎ、また、それを返すことである。神の神秘を「定義」すれば、それが、まさに神の定義の本質である。ニケヤ信経にある表現「父と一体です」は、少々よそよそしく専門的な表現のように聞こえるかもしれない。さらに、「共存説」（注・パンとぶどう酒の本質が、聖餐式においてキリストの体と血の本質と共存するという説）という専門的表現になると更に始末が悪い。古い讃美歌の最後の節には「同一体であり、永遠に共存し、終わりなき時代が流れる」という内容がある。それは私たちが使う語彙の中で最も心躍る言葉の一つであり、ナザレのイエス——辺鄙な町の職人——という人の行いの中で起こっていることは、神の本質とまさに一致していることを物語っている。残念なことには、新しい讃美歌では、「共存説」の意味が理解できない人のために、これらの語が変更されている。その意味が弱くなっている新解釈を見ると、ちょっとした市民的抗議運動が必要であるように思える。

神はこのような存在であるがゆえに、世界が存在している。神は、常に活力を分かちあい、愛を注がれる習性をもっておられると言えるかもしれない。（とは言え、あたかも何か異質な力が強いているかのように）そのようなことは無理にされるのではない。しかし自らの愛を分かち合う人をもっと多く造ることができる世界にすることは、完全に神らしい御業である。ある古代の神学者によれば、神には、本質的に「物事を生み出す性質」が存在する。もし仮にそうでなければ、世界に神以外何ものも存在しないだろう。神は、イエスの生き方と命と死を通して、愛を世界に注がれる。それは、創造そのものと完全につながっており、また、神が御子なるイエスを「生み出した」という永遠の真理とも繋がっている。それは、大河が、違った景色の中を流れて行くようなものである。

見識あるクリスチャンにとって、このように考えることは爽快ではあるが、もしかすると難しいかもしれないのを誰も否定してこなかった。一方では、私たちに一人の人間が見える。彼は、自動車修理工で、人並に苦しみ、涙を流し、眠り、目覚め、脆く、死すべき運命にある人である。他方では、神の御業が見える。神は、自ら選ばれた共同社会を作り直され、そして彼らを通して、世界全体を作り直される。これこそは神の御業、権威のみ言葉であり、両者は切り離せない。ギリシア正教会の初期の神学者たちが好んで言ったように、イエスは、友人ラザロのために涙を流し、彼を生き返らせた人である。そこには、二つの種類の生き方があり、そのうちの一つは絶対的に権威があり、他は全く脆い。これらは、一人の男の中に切り離せないで存在している。G・

K・チェスタトンは、著書『正統とは何か』の中で次のように言った。真のキリスト教の教義は、激しく左右にぐらぐら揺れながらも何とか倒れないで道路を猛スピードで走る車のようで、――「よろけているが横転はしない」。よろけて進むプロセスは、大部分のキリスト教の歴史においても顕著である。時々、私たちは、人間としてのキリストを強調し過ぎて、神としてのイエスを忘れたり、また、その逆になったりすることがある（多分、もっと一般に）。しかし、私たちの使う言葉、祈り、イメージは何とかバランスがとれていて、それが続いている。このことは、少なくともキリスト教の教義は、単に静的なままではないことを意味している。それは、常に過去の間違いから学ぼうとしている。

クリスチャンはあらゆる種類のイメージを使って、子なる神の永遠の命、み言葉、ナザレの人間イエスとの関係をさらに明らかにしようとしてきた。永年に亘って私個人に大いに役立った一つのイメージは、しばしの間、「音楽」を考えることである。素晴らしい演奏者――歌手または楽器奏者――が曲を表現しているのを見るとき、人間の技術と集中力が最高の状態にあるのを目の当たりにしている。演奏の力強さと自由奔放さを見ると、彼らの愛が、もう一人の芸術家（注・作曲家）の作品とビジョンを生き生きと表現することに集中していると言えるかもしれない。例えば、ジャクリーヌ・デュ・プレ（注・イギリスのチェロ奏者）によるエルガーのチェロ協奏曲の伝説的に有名な演奏──映画として収録されている──を考えれば、私が言わんとすることが分かってもらえるだろう。しかし、このようなことが実感できるのは、例えば、コンサート（クラシックやポピュラー）とか、聖歌隊がいる大聖堂での礼拝に行くときや大スクリーンで間近に歌手を見ているときである。そこには、すっかり自分の真価を発揮して、自由であり独立した人がいる。しかも、この時のために、自らの人格、生き方、自由、演奏技術を総動員して、この神秘的な作品を生き生きと表現している。更には、もう一人の芸術家──例えば、作曲家エルガー──のビジョンと想像力も伝わらなければならない。その場合でも、演奏者の人間的個性を殺すことなく、演奏者の全身全霊を「飽和状態」にしながら、演奏が続く。

さて、私たちの生涯のすべてを、このように「演奏（実践）」に捧げることは、どのようなことであるかを想像できるだろうか。それは、人間としてのイエスの話と繋がる。イエスは、神の愛、神の目的を、途切れることなく、いわば音をはずすことなく、躓《つまず》くことなく実践されている。とは言え、イエスはイエス以外の何ものでもなく、主体性をもって、明らかに人間として、この創造的な御業に専心されている。偉大な音楽家を見れば、苦悩の激しさとそれに伴う喜びの大きさの両

ジャクリーヌ・デュ・プレ

方が分かる。何が起こっていようとも、これらのアーティストは自分の人間性と個性を失わない。彼らが技術と喜びを精一杯に発揮する中で、もう一人のアーティスト（注・演奏する曲を書いた作曲家）の存在が見えてくる。イエスについても同じである。これは、人間として生き方であり、また、人間の意志であるが、同時に、イエスの権威と喜びは、神の本質と神の希望を実践すること、即ち、神のみ言葉を遂行することでもある。初期の時代のクリスチャンたちが、イエスの中に罪があることを想像できないと主張しているときに、彼らは決して否定的なことではなく、積極的なことを言っていた。イエスの演奏には、作曲家を排除するものは何もない。また、当時のクリスチャンたちが、イエスの人間性の中には神が入り込む「間隙」がないと主張したとき、これは、一つの作品だけの演奏のことを言っていた。演奏者の人間性は、演奏の「最中に」もっとも充実し、如実に表れる。もし歌手や演奏者がある名演奏を中断して間隙をつくり、「みなさん、『私が』この曲をどのように感じ、私が何を伝えたいかをお話しします」と言えば、興ざめなことになるであろう。

それだから、一人の仲介者、換言すれば、一人の生きた実在（生身の人間）がいて、神のみ言葉が永遠に権威をもって存在し、人間イエスの中で翻訳された形になって、徐々に伝えられていく。これは、二つの「種類」の生き方であるが、実際には一つの行動の流れの中で生きている。信経によれば、現世でのイエスの命は、聖霊の働きによって、聖母マリヤをとおして始まる。これは、これからの話の展開の前触れとなる表現である。勿論、この段階では未だ信経の中で聖霊が言及される箇所にまで至ってはいない。なお、聖霊は、神の第三の側面であるが、後に話題にする。その際、天と地の橋渡しとなり、永遠の御子イエスを万物の中で生き生きとさせる側面をもっと注意深く考えることになる。今ここでは聖霊について「味見」を少しだけする。信経によれば、イエス生誕について、二つの見解――聖霊を通して、また、マリヤを通して――が主張されなければならない。このことは、イエスの命を単に人間の歴史が生み出した結果、つまり、世界で起こった単なる出来事の一つとして考えてはいけないということである。イエスの生誕では、世界を支え活気づける神の御業が、特に表面近くに表れているに違いない。しかし、その契機となるのは、マリヤを含む人間の歴史である。

イエスがこの世に現れるのは、神が世界にご自分の「息」を吹き込まれるからである。勿論、それが聖霊の意味である。これは、ちょうど神が創世記の創造の話の中で最初の人間に息を吹き込まれたのと同じである。しかし、このようなことが起こるのは、マリヤが「はい」と言う、人間の行為があるからである。以前、私は、イエスが処女から生まれたという教義を無下に見くびってはいけない理由をいくつか挙げた。しかし、本当に重要な点は、神が息を吹き込まれることに対して人間の同意があること、それを受け入れようとする人間の心構えがあることが、あの予告の時の一部である。神は、決して歴史を覆し、それを一掃し、何か得体のしれない特別のものを生み出すようなことはされない。神は、イエスが、将来、神の完璧な仲介者となる能力を持つ人になるように、彼を肉体的、精神的に育む意志のあるマリヤの同意を求められる。

このような話をしている間に、神の古代の民の歴史全体へと焦点が合ってくる。その歴史は、神から恵みと賜物を授かり、世の中で「神が信頼できることを証しする」必要のあった民の話である。神が自ら選ばれた共同社会に与えられるすべてのことは、ある一点に集約される。それは、マリヤが、異例な形で神の求めに責任をもって応じる意志があるかどうかを尋ねられるときである。彼女は、神の息づかいを吸い込み、自らの体の中で、また、情緒、考え、心遣いにおいて献身的に神を具現化する子イエスを育むことを求められる。イエスが人間として育っていくのは、神の自由な恵みと、マリヤの恵み溢れる心構えと受容性とが合わさったからである。

ニケヤ信経には、三人の人物だけが述べられている。それは、イエス、マリヤ、ポンテオ・ピラトである。イエスは、ピラトに承諾したり、しなかったりする。これらの三つの名前が、私たちが住む領域を区分していると言えるかもしれない。生涯を通して、私たちは一方の極に向かったり、他の極に向かったり、更には、より決然とした同意に向かったり、または、より断固とした不同意に向かったりして、揺れを繰り返しながら生きる。そのすべての中心には、それらの意味を理解しているイエスがおられる。私たちは、その方の生き方に入って成長するように努力しなければならない。イエスは、私たちの同意に合わせて働き、また、私たちの不同意をも克服することができるお方である。

そしてマリヤのことを考えるとき、彼女の特別の役割を認識するべきである。悲しいことに、数世紀にわたって彼女は多くの論争の中心であった。時には、彼女の重要性は、異様なほど誇張されてきた。その結果、他の人びとが過剰反応し、彼女を軽んじるようになっていた。少なくとも、彼女は、イエスの中に具現化されている神に信頼を寄せた最初の人である。彼女は、少なくとも信徒としては姉のような人である。一般に姉は、弟と妹が育ち、様々なことを発見するのを助けることに明確な役割を果たすことが多い。自分の役割をよく認識している姉は、大きな影響力をもつ。

マリヤは、自分のすべきことを心得ている。彼女が承諾することによって、あの場所とあの時にイエスが来られることが可能になる。私たちは、この現世でイエスを受け入れるための最初の数歩を踏み出す時、彼女の手を握り支えてもらうことを恥ずかしく思ってはいけない。ルカによる福音書の中の「受胎告知」のストーリーでは、神が彼女に求めることがどれほど意義深く、どれほどの代償を伴うかを想像することは非常に難しい。祈りの時に、彼女を見て、彼女の「同意」について熟考し、彼女に助けを求めることは、クリスチャンにとって決して常軌を逸したことでもなければ愚かなことでもない。そうすることによって、私たちは信仰において成長することができる。

これまで述べてきたテーマを巡って、まだ次の疑問がある。「いったいこの命、イエスの命はなぜ『必要である』のか。それを必要とさせる神のご意志と目的には、いったい何があるのか」。

「受肉」、換言すれば、神の子が生身の姿でこの世に来られることは、創造のストーリー全般が発展していく成り行きにおける自然な結末であると言えるかもしれない。実際、それに近いことを言う一部のキリスト教神学者たちがこれまで存在してきた。しかし、聖書をもう少し自然に解釈する方法があるように思える。大部分の神学者たちは、受肉は私たちが人間として「必要とする」ものと関係があると主張してきた。それは、一つの視点から考えると、人間が抱える様々な事象における危機、障壁に対処する方法の一つである。時には、キリスト教の教えは、最初に、受肉に力点を置き、その後、イエスのアイデンティティと神との関係を論じてきた。それについては、信経の範に倣い、まず、「なぜ」よりも「誰」から始めることにする。どちらが絶対的に正しいとは言えない。しかし、私たちがイエスについて言うことは、何よりも「神は信頼するに値する」という前提を発展させたものであることを認識しておくべきだろう。その後、イエスがどのような影響を与え、また、なぜそのような影響が必要であるかについてもっと詳細に調べることにする。次のことを最初に言っておきたい。イエスは、神の愛があらゆることにおいて常に示されるという首尾一貫性を具現化しておられる。それ故に、イエスの生き方を通じて、私たちに話しかけられる神は、信頼に値する存在である。私たちにこのような認識があるならば、イエスが現世の命と死の結末について主張されていることを信頼する心の準備がもっとスムーズにできるかもしれない。聖パウロは、コロサイの信徒への手紙で「キリストの内には、満ちあふれる神性が、余すところなく、見える形をとって宿っている」と言っている。このことを認識することによって、神の御業がどのようにしてキリストを通して明らかにされるか、そして、何がその目的であるかをより深く理解することになるだろう。

第四章　平和の配当

彼は、苦しみを受け、葬られ、三日目に復活した

平和と賛美、和解と喜び――これらが神の目的である。しかし、これらは私たちの世界では全く見えない。一般的に言えば、人間の生き方は、必ずしもお互いに和解している状態ではない。神への賛美も、はっきりとせず、耳をそばだてて一生懸命に聴かなければならない。歴史的に見て、人間の頭と心の中にある神のイメージは、否定的で、恐ろしく、とりとめなく、あるいは、これら全部のように思えることが、これまで多すぎた。世界は、理想と思えるところではなく、――もし私たちがこれまで考えてきたことが真実ならば――あるべき姿の世界ではない。神は私たちを創造し、ご自分を反映させるように私たちに自由を与えられた。しかし、私たちは、自分たちを守るために自分の頭と自由を利用するが、授かった活力を他の人びとに伝えるためにそれらを使うことはない。聖ルカによる福音書には、家出した息子、「放蕩《ほうとう》息子」の話がある。イエスは、放蕩生活が悲惨になったとき、どのような状態であったかを述べられている。（欽定訳聖書にある直截《ちょくさい》な言葉では）イエスは「食べ物をくれる人はだれもいなかった」と言われる。日常生活を

送っている世界では、人びととは、通常、できる限りお互いに何かを施す――ましてや神にも――ことはしない。そのような世界では、個人どうし、国家どうし、民族集団、社会階級そして宗教どうしの間に頑丈な防護壁がある。

従って、これは、私たちが理想とする本来あるべき世界ではない。私たちは、平和が「ギフト経済」（注・金を払って物を買うという経済行動ではなく、人の優しさで人や物がまわる経済）と呼ばれるものによって保障されている世界には住んでいない。即ち、お互いに施し合って生きる世界にはいない。しかし、日常生活の最も平凡なことにおいて、ギフト経済がいかに重要であるかは認識している。例えば、家族の愛情、日常的な敬意や親切をお互いに交換して、そのことを認識する。しかし、私たち自身の生活、更には、私たちが住んでいる大きな集合的実体の世界――例えば、国と文化――の生活においては、ギフト経済的生き方は絶えず歪《ひず》んでいる。私たち誰もが知っているように、もし他人に何かを施すことが、複雑になったり、強要的になったり、本当に不利な事態になったりすると、私たちは、直ちに最も抵抗の少ない道を選ぶことに気づかされる。

ここでちょっと小休止し、振り返りたいことがある。「原罪」という言葉で要約されているキリスト教の信仰は、基本的には、人間性の根幹に根ざす混乱状態のことを言っている。私の頭に浮かぶ身近なイメージは、モンマスシャー（注・ウェールズ南東部）にある幾つかの田舎道のことである。当時、私は、司祭として周辺の教区へ行くのに、あちこちの田舎道を通っていた。それは、毎週のことだった。いったん一つの分かりにくい道路標示を見逃し間違った角を曲がると、次の角をもう一回正しく曲がるだけでは、方向を元に戻せない。人間性を歴史的に見ると、いったん心が内側に向かうと、即ち、内向き思考になると、それは人から人へと伝わっていく。また私たちは、自分本位の習性を身につけながら、人間としての生き方を学んでいく。例えば、現代の思想家たちが指摘しているように、私たちは、誰かが何かを欲しているのを観察して、自分もそれが欲しくなり、それを得るために競争する。

このように、欲しいものを自由に選択する前に、私たちの選択の幅は暗に狭《せば》まっている。私が原罪のことを話すのは、必ずしも、あたかも超自然的で大きな呪いが人類の上に漂っているというのではなく、人間としての生き方を学ぶのは、自分たちの生き方、または、喜びに寄与しないものを知ることと繋がっていることを述べるためである。人類全体の歴史と同様に個人の歴史においても、すべての失敗と進路の見誤りは、ますます私たちを内向き思考の世界に閉じ込めてしまう。そのため、私たちが、他の人との平和からますます離れていき、自由に施すことがますます少なくなるのも不思議ではない。

何とかして、この内向きの流れを逆方向にする、悪循環を断つ必要がある。人間どうしの相互の関わり合いの世の中では、何かを施すのを恐れないことが肝心である。施しをするのは人類の歴史にある現実的な行為にすぎないが、それは、このような悪循環を打ち破る人間の行為でもある。とは言え、私たちは、排斥や自己防衛の悪循環に陥っていると、施しをするという人間らしいことができない。このようなことから、前章からの疑問——なぜイエスの生き方、イエスという存在が必要か——に対する答えの概略が徐々に見え始めてくる。人間の言葉と行為だけが、人間の歴史の歪んだ流れを癒すことができる。また、それができるのは、概念や理想ではなく、人間関係が末永く良いほうに転じ、新しいことが具体的に可能になる歴史上の出来事である。神にある自由のみが、これを実現するのに相応しい。なぜならば（第一章で述べたように）神の自由には、私利私欲や自己保身がないからである。世界を創造された神を信じることがどのような意味があるかを知れば、世界を変える行いを求めるにはどこを向けば良いかがが分かる。

これまで述べてきたことは、完全な人間性と完全な神性のあるイエスのことを抽象的な言葉で表現したものである。その言葉の根幹には、一人の人間の行いが、神にある自由を、私たちの世界の中で奔放に発揮するのを見たいという基本的な関心がある。イエスの出現は、人間が陥っている自己本位の流れを逆行させる出来事である。なぜならば、その中に、神にある自由が無条件にはっきりと示されているからである。イエスの人間性は、父なる神に対して応えようとする気持ちで満ちている。それは、子なる神、または、み言葉たる神を具現化している生き方である。従って、施しをすることにおいては、制約もなければ、対抗心も妬みもない生き方である。また、父なる神と平安な関係にあり、どこで活動しようとも人間の世界に平和をもたらす生き方である。

そして、「そうだ、それが肝心なこと、知るべきことだ。イエスは、生身の人間となった完全な愛である」と誰もが言うかもしれない。ただ、これはそんなに簡単には実現しない。私たちの住む世界では、選択の幅が限られていたり、進路を見誤ったり、私たちの実体について徹底して間違った話が蔓延《まんえん》している。従って、このような完全な愛が実現する見通しは、明白でも自然なことでもないだろう。また、そのようなことは、世界の趨勢《すうせい》に逆らうように思えるだろう。更に悪いことには、自由に愛を示す人が、部外者、敵として見られることもある。ウィリアム・ゴールディングの身の毛のよだつような『蝿《はえ》の王』（注・一九五四年出版。「蝿の王」とは、聖書に登場する悪魔を指している。一九九〇年に映画化された）では、サイモンは、漂流した少年たちが悪霊の恐怖に怯えているのに対して、そのようなものがないことが分かっていた。彼は、他の少年たちの即席の悪霊払いの儀式的ダンスの最中に、暗闇から突如現れ、悪霊はいないから心配ないと告げようとする。狂乱状態だった少年たちは、善意のサイモンを化け物だと思い、彼に襲いかかり殺してしまう。

このように、グループの中で唯一、真に人間味のある人間が、人間の敵と見なされている。繰り返しになるが、このようなことを理解するには、わざわざ複雑で神秘主義的な理論は必要ない。しばし立ち止まって自分たちのことを思い起こせば分かることである。例えば、私たちは、善行に接して、動揺したり、怪しんだりすることがある。また、模範的な人が、結局は、それほど善良な人ではないことを知ったとき、安堵感さえ抱くかもしれない。真の善良さに直面すると、私たちはしばしば、直感的に逃げ場を求めたくなる。このことが特に顕著になるのは、社会生活の中で、誰かを「身代わりの犠牲にする」ケースである。そんな時、私たちは、自分たちの連帯感を強化して、恣意的に誰かを敵とか脅威であると見做す。例えば、誰かが、人間どうしの断絶の橋渡しをし、平和をもたらそうとすると、更にひどい暴力が引き起こされる。比較的最近の歴史では、アメリカでの市民権獲得のための激しい運動は、人種的公正を求める活動家たち――特に、非暴力手段に訴えている活動家たち――に対する敵愾心《てきがいしん》や、様々な殺人的暴力を引き起こした。一九六八年のマーティン・ルーサー・キングの殺害は、ショッキングなクライマックス的出来事であった。もし誰かが平和をもたらすために積極的に動くと、激しい「ノー」という拒絶反応を引き起こすリスクを冒すことになる。従って、人びとに神の信憑性について責任をもって説こうとするのはリスクが多い。このような責任を負うことを徹底すればするほど、リスクも大きくなる。

もし私たちがイエスのことを、人間として、神と世界に無限の愛を注いでいると言うと、必ず、将来世の中で極めて危険になっていく人物のことを話していると見られる。その結果として、イエスは、人びとがこれまで社会から受け継いできた抵抗に直面するだろう。また、イエスは、人びとが抱く、自分の真の姿に向き合うことへの根強い抵抗の犠牲になるだろう。クリスチャンは、イエスが罪を贖《あがな》われたと言う。罪は、真理に対して抵抗する状態のことであるが、それには様々な結果を伴う。例えば、代償を払う羽目になる。もし私たちが、真理に反する、自己欺瞞《ぎまん》の生活を送っているならば、無意識のうちに、自分たちの中にある活力を蝕《むしば》んだり、破壊したりする苦境に追いやられる。私たちは、現実に逆らって生き、無期限にそれを切り抜けて生きることは期待できない（それ故に、私たちが直面している環境危機は、企業ぐるみの罪深さを表す強力で辛辣な象徴とされている)。イエスが、ついに、当時の宗教的、政治的勢力による妥協のない暴力的排斥に直面するとき、彼は、神の様々な目的と可能性のみならず、人間にある自己破滅性の結末を「具現化」していると言えよう。イエスは、十字架にかけられているとき、言われる。「これは、あなたたちの虚偽が意味することである。あなたたちは無条件の慈悲を授けられたのに、それを嫌って拒んでいる。本当の命が何であるかを認識できない段階に至ってしまい、命と死との違いが分からない。あなたたちの中にある実体は死んでいる」。イエスは、神に向かって、なぜ自分は見捨てられたのですかと叫ばれる。イエスの身に起こっていることは、恐ろしい身体的苦痛、知的、精神的拷問であり、いわば私たちの究極の宿命、即ち、真理から切り離されている死のイメージである。イエスによって与えられるものを拒否するとき、それは、私たちの行く末を示すことになる。その意味で、少なくとも、イエスは私たちの罪の重荷──私たちが習慣的に行っていることの結果としての重荷──を担っておられる。聖パウロによれば、イエスは、私たちのために罪と「なり」、私たちの実体をいわば具現化するイメージになって、私たちにかけられた呪いを担われている(コリントⅡ五21及びガラテヤ三13)。

新約聖書は、このことをもっとよく理解するために、言葉とイメージを求めて、いくつかの方面に向かう。最も明々白々で直接的なものは、勿論、「生贄《いけにえ》(犠牲)」である。生贄は、旧約聖書では、神と和解する贈り物である。道徳的または儀式的逸脱が原因のために神から疎遠になるとき、関係を回復するには何を神に捧げるべきかと問わなければならない。その際、捧げることは、代償を伴うことを認識する必要がある。従って、イエスは捧げものであると言うことができる。なぜなら、イエスは、世界と和解するために、自らのすべてを代償として神に支払われたからである。既に、キリスト教以前のユダヤ人神学者たちは、服従の生活は一種の捧げものであり、多分、それは唯一の重要なことであるという概念を構築していた。このような概念は、旧約聖書の中にあるかなり多くのくだりに基づいていた。その意味で、イエスの生き方が神の目的と完全に調和していることから、明らかにそれを捧げものと見做すことができる。しかし、そのような調和が、イエスを死に至らしめた。この場合、服従とは、いわば血の捧げものである。彼の血が、「モーセの掟」の下でなされた生贄の動物の血のように、流される。それは、神と世界との親交のもつれを解き、それを回復するためである。

しかし、他のイメージもある。例えば、イエスの死は、誘拐者たち（破壊の勢力者たち）に支払われる身代金である。また、私たちの報いである罰を、罪のない第三者が任意的に担うことになる。それは、いわば、取り消されて債務のない勘定書をこれ見よがしに突き付けるような行為でもある。これらのイメージを認識し、なぜそれらが用いられるかを理解することは重要である。しかし、このようなイメージを、あたかもなぜキリストが死んだのかを説明する理論であるかのように見做さないことも同じく重要である。唯一肝心なことは、私たちが平和になるために、イエスの命が捧げられなければならないという確信である。決して、恨み深く頑固な神が、償いを要求するのではない。それよりも、利己的な世界の故に、私たちの自由に至る道は、やむを得ず、イエスの自己犠牲――それは死に至る――を介することになるということである。私たちが住む世界、それは私たちが作り、利害のために結託し合っている世界である。この現状を考慮すると、無限の愛という代償はどれほど意義深いかを示している。自己犠牲のことをしっかり念頭においていれば、それについての様々な交錯したイメージや理論を大局的に見ることができる。いみじくも、ニケヤ信経は、次のように簡潔に述べている。「主はわたしたち人類のため、またわたしたちを救うために天から降り」。神の永遠のみ言葉は、「わたしたちのために」マリヤの体に人間の命を芽生えさせる。そして、その「わたしたちのため」という言葉は、イエスの生涯全体をどのように理解するべきかを教えている。多くの人は、つぎのような子どもの讃美歌「みやこの外なる丘のうえに」の歌詞を覚えているだろう。それらは初歩的であるが、肝心な要素を含んでいる。

しかし私たちは、それが私たちのためであったと信じている。
彼は十字架にかけられ苦しまれた。

また、同じように単純で記憶に残る表現として、東方正教会の祈祷文の言葉がある。それは、キリストに語りかけている。「あなたは、わたしたちを天に召してくださるまで、行なわなかったことは何ひとつありませんでした」。このことに関する理論がいろいろとあるが、それらは複雑で難しく、不満足なものである。しかし私たちが知っておくべきことは、次のように要約される。私たちが自らの破壊的で欺瞞的な罠から解放されるために必要であったこと――今も必要である――は、ことごとく聖金曜日に起こったことをとおして「行なわれた」ということである。イエスは、人間として経験するどん底の状態に陥られた。神から見捨てられたという絶望感を十字架上で経験された。それでも、「わが神、わが神、どうしてわたしをお見捨てになったのですか」と抗議の叫びをあげているときでも、終始、神との平和を保たれてきた。イエスは、私たちの罪と不誠実さが生み出す結果の極限――地獄の淵――を経験された。

　偉大な改革者ジョン・カルヴィンや現代のローマカトリック著作家ハンス・ウルス・フォン・バルタザールは、次のように極言している。十字架上のイエスは、地獄そのものに耐えている、即ち、神からの最終的な決別に耐えている。これは理解しがたい憶測であり、首尾一貫性をもって述べることが困難である。しかし、少なくともこのような憶測が私たちに思い起こさせるのは、十字架は、神が苦難にある私たちに寄り添おうとする意志のしるしとして、いかに重要であるかということである。つまり、十字架は、神が私たちの犯した罪の全ての結果の最初から最後まで私たちと共にいてくださり、私たちが想像もつかないほど神から離れてしまっていた地点から、再び私たちを呼び戻してくださる意志のしるしである。しかし、使徒信経がイエスは「陰府《よみ》に下り」と言うとき、本来の意味は、これとは少し違っていた。ラテン語の意味では、単に「下にある場所」であった。これとの関連で、エフェソの信徒への手紙（四10）には、イエスが、被造物の最も下にある場所にまで降りて来られ、「すべてのものを満たすために、もろもろの天よりも更に高く昇られた」という一節がある。従って、イエスは、地下の監獄にいる人びとのところへ行かれ、そこでは——イエスの時代のユダヤ人記者たちの考えでは——死んだ人たちの魂が住んでいた。似た考えが、ペテロの手紙Ｉ（三18—19）にも見られる（この一節に書かれている意味については諸説がある）。これまで考えられてきた解説として、キリストが来られる前に死んだすべての人びとは、福音を聞き、それによって変えられるチャンスがあるというものである。これは、東方正教会の信徒が、長い期間にわたり、復活を描写してきた方法の起源である。ただし、この場合、イエスが墓から復活するという概念ではなく、イエスが、アダムとエバ、ダビデとソロモン、その他の旧約聖書の人物が閉じ込められている監獄の扉をぶち壊して入って来られるというものである。

既に述べたように、復活は、神の自由さのお陰で、あらゆる状況の核心にある開かれたドアである。本当にイエスと出合うことのなかった人びとにとっても、イエスを通してなされる神の御業は、現実のことかも知れない。どのような場所からも——死者が住んでいる監獄からさえも——平和と賛美に至る道がある。イエスは、「すべてのものを満たされた」。彼は、人間の経験の全ての中に存在し、門戸を開き歓迎されている。その結果、すべての場所が変わってしまった。

冷戦が終わったとき、軍縮によって浮いた軍事費を平和目的――開発、飢餓、貧困など――に割り当てる「平和の配当」が大いに話題となった。世界がこのような状況では、それは未だ実現していない。しかし、この表現は、イエスの死をめぐって起こっていることを表すには適切なメタファである。このメタファは、文字通りの平和の配当が世界で実現されるのを待ちきれず、私たちをますます活動的にさせるかもしれない。平和が生まれるとき、それは単に何かに署名して契約を締結することではない。それによって、新しい可能性が創出され、新しいものに向けてエネルギーが放たれる。

それ故に、クリスチャンたちが救済の話をするとき、十字架での死のことだけが念頭にあるのではない（ただし、そのように思えることがしばしばあるが）。彼らは、聖金曜日、イースター、十字架、復活などにまつわる一連の出来事のことも考えている。一連の出来事から新しい世界、聖パウロが言う新しい創造が生まれる。イエスの十字架上の死が先鞭《せんべん》となり、世界の最悪状態の中にでも神が存在されていることを知ることになる。世界がそんな状態であっても、様々な可能性が生まれ、それらが実現する。もし私たちが自ら招く神との辛い疎遠状態にあっても、それが、神の永遠の愛を打ち砕くほどでもないと分かれば、私たちの目が開かれて、その愛がどのように私たちを再生するかが分かる。

イエスの復活は、部分的には、神の愛の強靭《きょうじん》さと粘り強さを物語っている。私たちが最悪のことをしでかしても、神は、神のままであり、私たちの神であり続けることに専心されている。人間の姿をした神が十字架上で悶《もだ》え死にする途上にあったときも、神は神のままであった。神は、死から蘇《よみがえ》ったイエスの新しい命の中でも変わることはない。しかし、聖書で復活のストーリーを読むときに興味深いのは、それらは、神の愛が、単に、悪や罪よりも強いことを述べる一連の一般的な叙述ではないことである。そのようなストーリーにあるのは、かつて人びとがナザレのイエスの顔、姿——生身の物質的な姿——の中で神の絶対的な愛に遭遇したように、復活した今でも、そのような神の愛に会えるということである。彼らは神の呼びかけを聞き、同じイエスの顔と姿の中に神の慈愛を感じる。実際に、イエスは、生前に常に行っていたことを、復活のストーリーの中でも行われる。例えば、弟子たちを招き、彼らと共にパンを裂き、旧約聖書に書かれていることを教えられる。復活は、神の愛の勝利が、今もまた永遠に、イエスの姿となっていることを表している。以上のことから、復活のことを、単にイエスの弟子たちの頭の中で展開していた想像にすぎないと決めつけることは間違っている。もし私たちがそのような見方をするならば、聖書にある非常に基本的に思える確信を見落とすことになる。即ち、弟子たちが復活したイエスに出合うとき、イエスは、生前に常に行っていたことを今も行われ、自らの実際の姿、声、身体的接触の中に神がおられることを示されている。このようなことを言うとき、新約聖書にイースターの日に墓が空であったと書かれていることを重く受け止めなければならない。

更に言うと、ヨハネによる福音書によれば、イエスは、弟子たちの中に自らの「霊」――自らの命の息――を「吹きかけ」られる。その目的は、ご自分がされること、即ち、ご自分の声で神と一般の人びとに語ることを、将来、弟子たちもするように備えさせるためである。彼らに息を吹きかけることによって、人間どうしの繋がりの連鎖を樹立され、その連鎖は、時代を経て、私たちの時代にまで続くようになる。換言すれば、彼らの声と顔の連鎖――イエスがその中で働いておられる――が、今日まで続くようになる。十字架での死よりも前に存在したイエスとの個人的で直接的な交流は、復活の中で新たに起こり、そして、新しい次元に導かれる。即ち、イエスは、弟子たちがイエスと神に対して責任を負って働き、ご自分の体となって働けるような素質を身につけるようにされる。以上は、新約聖書の素晴らしく目新しいメタファである。イエスの命の息を授かった人間が互いにコンタクトするのは、イエスとコンタクトがあることと等しい。そういう経緯の中で特定の人間が、時代を超えて、神の神秘をお互いに伝承していく。このような魂が働いているクリスチャンに出合うことは、イエスと同時代に生きることに等しい。

ここで忘れてならないのは、キリスト教は、使信《ししん》（メッセージ）となる前に交流として始まることである。神が働かれ、生身の人間となって人びとに自らの考えを伝えておられる。それは、マリヤが御子を初めて抱くときから始まる。幼いイエスがまだ何も特定の言動をされていないときでも、神は、イエスの中で働いておられる。そして今では、自分たちの中にイエスの息を取り込んだ生身の人間たちの継続的な交わりの中で、神は働いておられる。彼らが特にキリスト教的なことをしていないときも——そのようなときは頻繁にあるが——キリスト教の共同体が存在しているというだけで、何か触れたり感じたりできるものがある。もし復活されたイエスが単に概念やイメージではなく生身の人間であるならば、彼から触れられた人びとの中にも存在しておられることになる。彼らは、個人の欠陥や恐怖が何であろうとも、この世でのイエスの存在の証しとなって働けるような素質を身につけている人たちである。

なぜならイエスは、個人としては、もはやこの世の住民ではないからである。信経には、「天に昇り」というくだりがある。これは、ルカによる福音書と使徒言行録の中の描写——イエスがどのように弟子たちに別れを告げ天に昇って行かれたか——を思い起こしている箇所である。これは、絵を思わせる言葉で描写されている。言うまでもないが、あたかも聖書がいわば宇宙旅行のようなことを考えていると解釈するべきでない。聖書の記者たちは、決して神が文字通りに雲の上のどこかの場所に住んでおられるのではないことをよく認識していた。しかし彼らは、ある意図をもって、旧約聖書の詩と賛歌の強烈なイメージを積極的に使った。即ち、暫くすると、イエスは弟子たちの前に、もはや肉体をもった姿で現れなくなることを伝えようとした。彼は「昇られた」、そして立去られた。そして、「父の右に座しておられます」。私たちが神を見るとき、自然とイエスを見ている。彼の人となりや言動は、永遠に神の本質とは切り離せないほど融合している。イエスは、私たちが神の活力について感じ理解していることの一部である。ここで主題に戻ると、神が信頼に値する存在であるとはどのような意味であるかを示すのに、イエスは新しい方法を使われた。即ち、神は人間が置かれたすべての難局の中で働いていることを示そうとされた。神が創造主として信頼を寄せられる存在であることは、利己心なくご自分以外のものに配慮を示されることであり、それは、イエスを通して具現化される。父と子は、いわば、お互いの誠実さと信憑性を証明する証しでもある。

お互いに対する「証し」、お互いを証明し合うことは、「イエスの息の吹きかけ」の中で伝達されている。換言すれば、それは、聖霊と呼ばれる神秘的な媒体――勿論、文字通りの意味では、「聖なる息」――を通して伝えられる。イエスの友たちの共同体が結束しているのは、彼らが同じ息を吸い、同じ霊によって活気づけられているからである。従って、イエスとの関係に招き入れられる人はすべて、同時に、イエスと同じく、父なる神とつながりをもつことが可能になる。ヨハネによる福音書によれば、イエスがイースターの日にマグダラのマリヤの前に現れた時に、自分はこれから「わたしの父と『あなたの父』のもとへ昇っていく」と言われる。パウロも同じ話をしている。彼は次のように言う。聖霊によって、クリスチャンたちが神に向かって「アバ、父よ」――イエスが祈りの中でアラム語のアバを使われた――と言うことが可能になる。従って、神の息を受けること、即ち、それを吸い込むことは、イエスと神との親密な関係に与ることに等しい。それは、神のおられるところへ臆面もなく入っていく――それは家族の真の一員には許される――ことである。「天におられる神よ」と祈るたびに、私たちが信じていることについて重要な宣言をしている。つまり、イエスは、今では私たちを取り巻く雰囲気そのものである。彼の中で、つまり、彼の聖なる息にある力強さの中で、私たちは成長し、神との緊密な関係に入っていく。その関係は信頼感があり、自然であり、同時に極めて要求度が高い。

復活によって、今や周囲の雰囲気が変わってしまった。世界が変わってしまった。だからこそ、私たちがイエスの息を吸うと、パウロが言うように「新しく創造されたものが現れる」。教会の詩人たちの中には、イースターの日は、いわば「追加の」創造の日、週の第八番目の日であると言う人もいた。彼らの主張では、最初の七日間すべては創造に使われ、その後は世界の新しい歴史――全てが再び起こる日――に向けられている。聖ヨハネは、イエスの墓は園の中にあった――それは「エデンの園」のようであった――と福音書の中でそれとなく言っている。そして、マグダラのマリヤは、復活されたイエスを初めて見たとき、彼が園丁だと思う。

私たちがイースターを祝うとき、二つ目の「ビッグバン」のど真ん中に立っている。それは、まさに宇宙の始まりと同じく、激しく燃え盛り、神のエネルギーのすさまじい高まりである。ある最近の作家は、いろいろな物体の数学的物理的構造中のエネルギーのことを、いみじくも「方程式の中の火」と称している（注・『方程式の中の火――科学、宗教、神の探求』が原義。様々な物体について理論があっても、それは、単に方程式に過ぎない。その方程式に火（エネルギー）を吹き込み、現象を起こすのは神である）。そのようなエネルギーはイースターにもある。イースター前夜の古代儀式では、かがり火に点灯し、それを聖別し、そこから次々とローソクに火をつける。そのとき、恐らく、私たちは創世記にある神の最初のみ言葉「光あれ」を思い浮かべるだろう。イースター前夜は、創造のストーリーを読むことで始まる。なぜならば、私たちは、まさにそれを目の当たりにしているからである。創造の力が全世界を再建しているのを見ている。

イースターの礼拝式は心躍らせる式であり、私たちの意識にある世界の歴史が終わると想像してしまうほどである。新約聖書では、確かに、初期のクリスチャンの一部の人びとは、イースターの式に圧倒されて、あたかも最終の復活が既に起こって、世界の終焉《しゅうえん》が到来したかのように話したことがあった（聖パウロは、数か所でこの誤解を払拭している）。実際には、私たちとすべての被造物は一つの次元では「死から復活した」けれども、世界の歴史は、依然として続いていて、相変わらず、どこから見ても反逆と苦しみの歴史であることが明白である。そんな状態であるのに、世界は刷新され救済されたように「見える」だろうか。実際、そのようなことは稀である。

この新しい創造は、実際には、私たちの生涯のあらゆる時が、今では癒しと約束の未来に開かれているということである。しかし、時折、苦悩、不安などの可能性とその現実が居座っている。ここで言う未来とは、文字通りの未来であり、私たちが知り得ず、意のままにならないものである。それは、究極的には神の手中にある。神はそのような苦難のストーリーの終わりであり、かつ、生涯は、決して最終的には救済されない混乱に陥ってしまうはずがないという確信を私たちは与えられている。新約聖書の研究者たちは、これまで何世代にも亘って、既に実現されたものと、未だ実現されていないものとの対比関係について述べてきた。明らかに、新約聖書の記者たちは、未来に希望があると考えているけれども、彼らが強調するのは、希望とは、本来、見えないものに対する希望である。パウロは、「現に見ているものをだれがなお望むでしょうか」と問う（ローマの信徒への手紙八25）。

従って、この時点では、私たちは「信経／信条」にある「まだ実現していないこと」を思い起こす。それは、キリストは、「生きている人と死んだ人とを審くため、栄光のうちに再び来られます」のことである。そして、あの最後の審判まで、つまり、最後の危機（crisis）まで（ギリシア語では crisis は審判の意味）、いろいろな試練と危機が予想される。すべてのテストの向こう側には、換言すれば、私たちの生涯の苦痛と苦労の反対側には、イエスがおられる。私たちの生涯の終わりには、イエスは、絶対的な真理を尺度にして、すべてのことをテストされるだろう。イエスの前では、最後には、誰もが、また、何もかもが、ありのままの姿で示され、真の居場所を見つけるだろう。

しかし、全ての未来の先にキリストの光（それは、世界の真の姿を明らかにする）があると言っても、それは、キリストの「再来」と「最後の審判」がいつ来るかの予想に巻き込まれることではない。言うことと予想することは全くの別物である。このような「終末の日程予測」は、ある教派のクリスチャンの間では、いわば大々的な「家内工業」にもなっている。しかし、実際には、新約聖書が頻繁《ひんぱん》に言っているように、そのような最終の日程は不明であり、それ故に、最終の日がいつなんどき到来するかもしれないような生き方をするべきである。更には、現世の生活に対して完全に責任を負う生き方をするべきである。聖パウロは、世の終末が迫っているという理由で仕事を諦めた人びとを厳しく非難している（テサロニケの信徒への手紙Ⅱ三6―12を参照）。イエスさえも、ご自分が人間として話しているときは、日程のことは分からないと言われたことが思い起こされる。イエスは、私たちに目を覚ましていなさいとだけ言われる。なぜならば、イエスがいつ来られるか分からないからである。

「最後の審判」について唯一知っておくべきことは、それは起こるだろうが、いつであるかは不明である。従って、完全な真理に出合うために、絶えず心構えをして生きるべきである。それが明日、または、三百万年先に起ころうとも、私たちが次に何をするべきかに違いはない。私たちは、現時点でキリストの真理を踏まえて生きるようにならなければならない。「最後の審判」を口実にして、絶対にしてはならないことは、本質的に良いこと、つまり、お互いに配慮したり、平和を作ったり、とりわけ、私たちの環境に配慮したりするのを怠ることである。例えば、物質的環境が間もなく破壊されるだろうから、今さら環境に配慮する必要がないという言いぐさは、最も愚かで反キリスト教的な発言である。それは、まさにパウロが痛烈に批判していた人びとの言いぐさと同じである。彼らは、終末が近いので働くことを拒んだ。自分たちはいつ終末が来るかについて手掛かりをもっていると思うことは、うぬぼれ、または、劇的効果を狙った誇張である。新約聖書が終末について述べていることに照らしてみれば、それは非常に奇異に聞こえる。マルティン・ルターは、たとえ世界が明日に終わると知っていても、自分は木を植えると言ったらしいが、その真意は、今の時点で望ましいことは、まさに「望ましい」ことであって、その期間が短いというだけの理由で、そのような行動の価値が減じるわけではない。難しいのは、バランスを保つことである。聖パウロが私たちに思い起こさせるように、私たちは現時点で自分たちに求められていることを行うべきである。しかし、パウロは、更に言う。もしキリストの到来が間近に迫っていると考えて生きるならば、現時点のプレッシャーをしっかりと冷静に考える必要がある。自分の生き方の中で何が本当に重要であるか、重要でないかの感覚を身につけるべきである。また、プロジェクトの成功や、できる限りの満足感と安定感を得ることに期待をかけることからも解放されるべきである。私たちは、自らに託された責任を真剣に受け止め、「もし希望通りに成功を遂げなくても、それは仕方がない。神が神であるには変わりない」と言えるようにならなければならない。

ヨハネによる福音書が、聖書の他の部分よりも強調しているのは、現時点の生活、つまり「キリストの光の中で」生きることである。それは、イエスの真理が私たちに投げ掛ける恐ろしい疑問の数々や、私たちの言い訳や自己欺瞞が光の中で顕わにされることに慣れることである。クリスチャンは、毎日、主の祈り「わたしたちを誘惑におちいらせず、悪からお救いください」と唱える。これは、今日まで多くの人を当惑させてきた表現であるが、その本来の意味は、はっきりしている。私たちは、試練に遭わないように神に祈る。心の準備ができていない危機に直面しないように祈る。どうか、私たちが無防備で、恐れ、途方に暮れ、混乱しているままで、絶対的な真理と愛の前に立たせないでください。キリストの厳しい光に慣れる時間をください。今日の旅に必要なパンをお与えください。そうすれば、私たちは今日役に立つことを学び、明日のテストに向けて、私たちの正直さと誠実さが究極的にテストされる日――キリストの到来の日――に向けてもう少し準備ができます。

新約聖書は、絶えずキリストの到来について二つのテーマを織り交ぜている。一つは、彼の到来の光、目的の透明性、栄光であり、他は、私たちの利己的でおぞましい習慣を排除するという日常的課題である。私たちは、終末を考えた生き方をしなければならない。とは言え、陰鬱《いんうつ》になり怯《おび》えながら生きるのではなく、私たちが神から隠れ、自らからも隠れ、お互いから隠れている暗黒から絶え間なく抜け出そうと努力しなければならない。そして私たちが聖書を読み、いろいろなサクラメント（注・キリストによって定められた恩恵を受ける手段、教派によって異なるが、洗礼、聖餐、結婚などを示す）を祝うとき、私たちが行っていることは、暗黒部から絶え間なく抜け出し、真理があるところ、つまり、イエスがおられるところへ戻っていくことになる。

これは強調する価値がある。なぜならば、この章の冒頭の内容に戻るからである。私たちは、真理を、他者から孤立した個人として学ぶのではない。それは、私たちが他者から孤立した個人として成長し発見することではないのと同じである。イエスの宣教、死、復活の目的は、神の民の共同体を再建するためであり、彼が神と私たちとの間に築かれる平和は、同時に、他の人びととの平和、及び、他の被造物——私たちはその一部である——との平和でもある。私たちの間違いは、平和または救済が、何よりも個人だけに関わると安易に考えることである。ところが、聖書では、神の平和と慈悲は、神のみ言葉と御業によって創造された共同体である私たちが、共に授かるものと見做されているように思える。従って、真理の光に慣れるのは、個人的にではなく、私たちが信徒として共に目指すことである。

聖霊、即ち、イエスの命の息づかいは、聖書では「交わり」を与える霊、及び、真理の霊として表されている。あたかも、聖霊が伝える真理を経験することは、神の民の集合体が、キリストの「体」として生きていく一部であるのが常であるかのようである。よく知られた祈り「恵み」（コリントの信徒への手紙Ⅱの最後にある）には、「主イエス・キリストの恵み、神の愛、聖霊の交わりが、あなた方一同と共にあるように」とある。この「交わり」は、時には「親交」と訳されることがあり、共にギリシア語のコイノニアを表す。この語は、最近の神学者たちが好んで多用する語であるが、実際には、単に「分かち合う」という意味である。この場合、私が誰かに何かを施すことによって、それを「分かち合う」という意味だけではなく、もっと深い意味では、「何か共通のものをもつ」、即ち、同じ種族、家族、グループに所属して、家族的類似を共有していることである。願わくば、時には、「主イエスの無償の親切さと、彼の聖なる息づかいが、私たち一同と共にありますように」という簡略な祈りがあれば有り難い。

しかし、上記のことは、私たちが神の息づかいを吸うときに起こる活力が、常に他の人びとと「共にある」活力であることを意味している。イエスは、神の民、即ち、神が選ばれた共同体を作り変えられる。その方法は、単に多くの個人をご自分に引き寄せ、お互いを紹介するだけではない（後に述べるように、そのような要素もあるが）。彼は、また、共通の生き方の仕組みとエネルギーを変貌させられる。初期のキリスト教神学の言葉では、イエスは、私たちの「本質」——私たちを人間たらしめている要素、私たちが人として共通にもっている要素——を変貌させられる。何か新しく基本的なものが、イエスから私たちの共通の「本質」の中へ深く吹き込まれる。その結果、吹き込まれた息吹は、イエスの存在を認識している共同体の活力源となる。旧約聖書では、イスラエルの人びとは、正義が行われると想像して結束している、即ち、神の義があらゆる状況でも行われるのを、何としても一緒になって見なければならないという義務感をもつことによって結ばれている。また、同時に、彼らは、誰もが等しく神によって召命されているという信念によっても結ばれている。新約聖書でも、いっそう深まり拡大した共同体のメンバーは、正義と共通の召命感によるだけでなく、相互に施し合い、育成し合い、依存するという生活パターンによっても結ばれている。このように新しい創造において私たちが共有する人間性の本質は、絶えず人びとの間を移動し、その過程でお互いに活力を与え合っている。言うまでもなく、このようなパターンは、父なる神、子なる神、聖霊なる神の間でのパターンを彷彿とさせる。従って、それは、実際には、互いに「施《ほどこ》す」という意味での「分かち合う」である。施すことは、今では、私たちという実体の構成要素になっている。その結果として、私たちという実体は、施しを通して生まれ変わった人間であると部分的には定義できる。

このような考察を更に進める過程で、もっと考えなければならないことがある。私たちが常に神と共にある、つまり神と「親交」があるとは、いったいどのような意味であろうか。平和の配当——キリストの死と復活の結果として可能になる生き方——について最も重要なこと、それは、決して単に競争相手と紛争がない平和な状態だけを言うのではない。平和の配当とは、活動的な状態であり、愛し、育成し、施し、受け取るという相互的な状態である。これは、イースターが誕生させた新世界について言える最も斬新で意味深いものである。

第五章　神と共にあること

わたしは使徒たちからの唯一の聖なる公会を信じます

キリストの息づかいを吸うこと、即ち、キリストが私たちを取り巻く「雰囲気」になること（新約聖書の偉大な研究者C・F・モールの言葉）は、単に平和の「状態」にあるだけなく、一部の人たちが「動的な均衡」と呼ぶ状態を言っている。私たちの平和が今の状態にある理由は、それが断絶のない活動の流れであるからである。即ち、私たちが絶えず維持している人間関係と成長があるからである。その過程で、それらをお互いの生き方の中に注ぎ込み、また、お互いから受け取っている。その結果、お互いどうしの信頼関係、また、神との信頼関係の成長につながる。同様にして、私たちがニケヤ信経を唱える中で「主なる聖霊を信じます」と言うとき、それは、また、教会への信頼を述べることにつながる。

人によっては、次のことに違和感を持つだろう。神とキリストを信じると同じ意味で、教会を「信じる」のかという疑問である。それは妥当な論点である。実際のところ、それは、既に原典のギリシア語のニケヤ信経にも書いてあり、その文字通りの意味では、「教会が真実を言っていることを信じる」である。このように表現が異なるのは、教会は、父と子と聖霊とは異なる次元の実体だからである。とは言え、教会は、私たちが信頼する共同体である。神は、私たちの利益にならない計画はもっておられないが故に、私たちは神を信頼できる。私たちが教会を信頼する理由は、それが、活発な平和構築と平和維持を目指す共同体であり、そこでは誰もが孤独のままで存在したり、孤独のままで成長したり、孤独のままで悩むことがないからである。教会生活のスローガンは、「他者と共にある」である。あなたがいなければ私はない、私たちがいなければ私はない。とは言え、教会のアイデンティティは、決して各人の個性が集団の中で埋もれてしまう（家畜のような）「群れ」のアイデンティティではない。あなたと私との違いは、保持されたままで変わらない。そうでなければ、刺激がなくなるだろう。これまで気付いた人もいるだろうが、今日では、無味乾燥な同一性が特徴となっている教会はほとんど存在しない。それには理由がある。人びとが教会の中で群れの心理状態を作ろうとすると（小さな教会であろうと、もっと大きな場所であろうと）、それは、遅かれ早かれ劇的に崩壊する傾向があるからである。

従って、教会を信じるとは、神が望まれているように、「他者」を受け入れ、そのユニークな賜物を信じることである。新約聖書は、教会のことを、個々人が、共通の生き方に提供できる賜物をもっている共同体であると見ている。聖書は、教会がキリストの「体」であるという大切なメタファを使っていて、私たちクリスチャンは、このイメージにすっかり慣れ親しんでいる。その結果として、教会が様々な賜物から成り立っている共同体でもあるという基本的で包括的なイメージのことを忘れがちになる。古代の世界は、体のイメージを使って、違った「機能」（まさにそのとおりの言い方である）をもっている社会を描写することが時折あった。しかし、違った賜物という観点から、社会のイメージを再構築したのはクリスチャンであった。そして、彼らは、次のような革命的な意味合いを引き出した。即ち、誰であろうとも、社会の一人のメンバーの失望感は全員の失望感につながる。なぜならば、彼の賜物が他の人びとに適切に提供されていないからである。つまり彼は、自分だけが全員に対して提供する賜物をもっているのに、それを提供する自由を拒絶されたから失望している。

聖パウロが、特にローマとコリントの信徒への手紙の中で、教会を「キリストの体」と言うとき、真っ先にこのことが彼の念頭にある。教会は多様な共同体であるが、その多様性は、気質や嗜好といった自然に生まれる多様性とは違う。もしそれだけならば、この概念を過小評価していることになる。教会は、聖霊によって与えられる賜物の多様性や、神との関係の多様性をもっていると言えるだろう。更に、そのことから派生するのは、神について多様な考え方や神の御業をお互いのために実現させる多様な方法である。

このことは、極めて実務的で道徳的な原理である。確かに聖パウロにとって、それは、すべてのキリスト教道徳が始まった原点であったと言ってもよいだろう。例えば、コリントの信徒への手紙Ⅱ第八と九章では、パウロは、違った教会の相対的な富と困窮の問題について話している。必要以上の富をもつ教会もあれば、十分にもっていない教会もある。言い換えれば、施しが十分にできないので失望している教会もある。従って、聖パウロは、より豊かな教会には「あなたがたの現在のゆとりが彼らの欠乏を補えば、いつか彼らのゆとりもあなたがたの欠乏を補うことになり、こうして釣り合いがとれるのです」（八14）と言う。これは、聖パウロのビジョン全体に浸透している原理が、非常に基本的で単純な形で適用されたケースである。もし賜物があれば、そのことによって、他の人も施す人になることを助けることができる。神の賜物は、施す人を作る。しかし、原理が逆に働くこともある。例えば、同じ手紙の中の後には、他のクリスチャンが苦しんでいるとき、パウロ自身も苦しんだ経験について話している。「だれかが弱っているなら、わたしは弱らないでいられるでしょうか」（一一29）。他のクリスチャンが、成長できずに失望しているとき、パウロもまた成長できない。私たちは一緒にいてこそ成長する。

ところで、このことは、クリスチャン共同体における宣教の役割について、新しく、しかも、神秘的なことを強力に示している。使徒パウロは、イエスの復活を見た公の証人であるので、教会の考えと祈りを示し、方向づけをする。彼は、イエスにある生き方には分け隔てがないことを最も顕著に具現化した人である。彼は、他の信徒の喜びと苦痛を痛切に察知する。従って、彼の宣教活動は、本質的には、コントロールすることではなく、文字通り、共感であり、他の信徒と共に苦しみ、共に祝い、共に喜ぶことである。それは、教会で「使徒的」役割を担っている人びとが熟慮するべきことである。宣教は、古代の宗教の聖職者の身分や職階のようであってはならない。それは、特に集中してそのような共通の生き方をすることである。それによって、司祭は、権威をもって共通の生き方における基本的に重要なことを指摘できる。また、キリスト教の牧師または司祭であることとは、教育を受けていない大衆のために宗教的知見を披露することではなく、一人ひとりがすべての人に依存している特徴的な共通の生き方の証人になることである。

従って、よく機能しているキリスト教共同体は、誰もが他の人びとの賜物が発揮されるために着実に協力している共同社会になるだろう。ただし、これは単に何らかの抽象的な自己の目標成就のためではない。即ち、キリスト教共同体は、誰もが「邪魔をしないでください。『私』の才能を活かしたいのです」と声高に主張するところではない（これはよくある現象であるが）。教会はキリストの「体」という脈絡で言えば、各人の賜物は、各人に求められる義務から切り離せない。つまり、賜物を提供する人は、それがどのように共通の生き方の中に組み込まれるかを理解しなければならない。同時に、自分自身の生き方が本物で確固たるものになるには、それが共通の生き方と他の人びとを取り巻く頑迷な現実にどのような譲歩を強いることになるかを知らなければならない。教会内の人間関係の「密度」と呼ばれるものは、誰にも求められる「心遣い」のことである（それは、自分に対して、お互いに対して、更には神が働いておられる全ての集合体に対して示す心遣いである）。いったん、個々人の賜物がユニークなものと分かれば、個々人が必要とするものもユニークであり、それも同じく神と大きく関わっていることも認識しなければならない。

C・S・ルイスは、かつて「慈悲深い」人を次のように描写したことで有名になった。「彼女は、他人のために生きた。彼らの不安な表情によって、困窮した人が見分けられた」。自分の賜物を施すことを考えるとき、私たちは、時にはあたかもそれを無理矢理に他人に押しつける自由があるかのように考えるかもしれない。また、時には他人から何も施しを受けることがないかのように尊大に考えるかもしれない。また、私たちは自分が必要とするものについて、他人に依存し、未熟な考え方をするかもしれない。しかし、本当にうまく機能しているキリスト教共同体は、良い結婚と似ている。そこには伴侶への心配り、施すこと、受け取ること、喜びと犠牲が固く撚《よ》り合わさっている。なぜならば、一方にとって望ましくないことは、両方にとっても良くないからである。更には、夫婦にとって人生の充実は、必然的に共同作業的なものである。

勿論、聖書は、このようなことは順序が反対であることを示唆している。私たちがキリストの体であるという意味を理解すれば、何が良い結婚に至るのかの感触を得ると聖書は提唱している。しかし、具体的に、実際的に、私たち誰もが、よい結婚とはどのようなものであるかについて何らかの感触をもっている。それ故、それは、考え方の糸口としては悪くないかもしれない。もし教会生活における賜物と犠牲を一般化して話すと、次のような疑念が常にある。誰かほかの人が、自分に代わって何を犠牲にするべきかを決め、逆に、捧げたい賜物があるのに耳を傾けてくれない。しかし、このことは、良い結婚という脈絡で考えると、もっと理解し易くなる。例えば、結婚において、単に自分のものにだけでなく伴侶に対する心遣いも持っていれば、自分が欲しいと思っていることに疑問をもつ状況があるかもしれない。その場合、自分の気持ちを抑え、自分の目的を考え直すことになる。同様にして、自分の伴侶にとって大切なのは、実際の「私」であり、どこかの血の通わない非現実的な存在ではない。従って、個人の生活と健康に寄与することは、伴侶にとっても大切である。私たちの教会についても、このような親密な関係が信仰共同体全体の活力源であり、それは、時空を超えて広がる関係である。

既に述べたように、このことは、聖パウロが考える道徳の理念でもある。良い生き方とは、単に特定の規律が守られているだけではない。それは、「キリストの体」の中で共に生きていく結果を簡潔に言い表したものである。良い生き方とは、いかにお互いのために生きるかを学びながら、自分らしく充実して生きることにある。もし嘘をつくこと、人を殺《あや》めること、不倫をすること、どんどん欲になることなどが罪ならば、その理由は、本来、「キリストの体」であるべき共同体において、そのような罪が不問に付されるとは想像できないからである。多分、既に誰もが気づいているように、人類の歴史における教会は、しばしば、そのような嘆かわしい行いが、時には長期にわたり不問に付される場所であった。教会の歴史を語ることからは、教会が本来は何のためのものであるかを、必ずしも理解することができない。しかし、教会自身が、そもそも、なぜ自らが存在するのか――その存在の理由――を説明する努力を始めれば、ただちにこのような基本的要素を振り返えらざるを得なくなる。

教会の歴史が何であれ、「『それこそ』が、私が考えている教会である」と私たちが言えるときが必要である。「わたしたちは聖なる公会を信じます」と言うとき、いったい、何を信頼し信じているのかをしっかりと考えようとすれば、二つのことが必要である。第一に、教会についての考えの一つとして、次のことを言う必要がある。キリスト教共同体が、日常的な務めを果たしているとき、それが教会の「実際の」姿である。それは、成功、失敗、努力、怠惰という評価からは独立している。第二に、教会は「予期せずに」その本質が「理解される」ことが起こるのを示す諸々の逸話を語ることができなければならない。神学的な定義通りに教会が教会らしい姿になっていることも必要であるが、それに加えて、その姿が、特定の人間的経験の中で具現化されることがあれば、それだけ理解に役立つ。以前に私たちが注目したように、神についてのことばが現実味を帯びるのは、人間の生き方の中で「神」という概念が具現化するストーリーを語ること以外にはない。教会についても同じことが言える。

原典のラテン語では、使徒信経は、コンムニオ・サンクトルム communio sanctorum に対する信仰を表明している。このラテン語表現の意味は、「聖徒の交わり」または「聖なるものの分かち合い」のどちらか、または、多分、両方であろう。ところで、新約聖書、特に、聖パウロが「聖なる人」について述べるとき、その人が必ずしも「聖人」というのではない。この表現は、際立って善良な生き方をした人のことを言っているのではない。クリスチャンが「聖なる人」であると言うとき、彼らが神から受け入れられて、「私たちの父」と言うことに表れている関係、家族関係に入っているという意味である。従って、「聖徒の交わり」は、決して霊的に恵まれた人たちのための特権クラブではない。自分たちが神によって受け入れられたことを認識し、それを表明する人たちを結び合わせる関係を意味しているに過ぎない。このような事情により、この交わりが確実で見て分かるようになるのは、クリスチャンが、共にキリストの息づかいを吸い、イエスとの関係において自分たちがどのような人間であるかを、言動によって明らかにするときである。ここで使われている「交わり」は、クリスチャンである自分たちがどのような人間であるかを言動の中で表明しているときに、目に見えてくる。

では、このことは結果として何を意味するのか。教会は、イエスの生き方に圧倒されて、それに「浸っている」人びとの共同体である。洗礼を受ける人びとは、いったんキリストの愛の表面下に姿を消し、違った人間となって再出発している。水が彼らの頭を越え、聖書の第一の書で旧世界が混沌とした水から現れるように、新しい世界が現れる。それ故に教会が人びとに洗礼を授けるとき、それが何であるか、また、信徒がどのような生き方をするかを述べる。洗礼は、「聖徒の交わり」が明らかになり、教会とは実際に何であるかを見る行事である。即ち、教会は、人びとが、神との新しい関係、また、お互いとの新しい関係に入る機会を与えられ、新しい生き方の中に引き込まれることが絶えず起こっている共同体である。

教会は、また、イエスと共に飲食することに招かれる人びとの共同体である。イエスは、現世での生活の間、共に食事をすることが想像もできないような人びとから神の新しい民を造る約束を表明された。そして、復活後は、弟子たちを再召集して食事をし、彼らに課題を与えられた。教会全体についても同じである。私たちが教会にいるのは、招かれたからであって、決して、努力して権利を勝ち取ったからではない。従って、教会が聖餐式でイエスと共に飲食するために集まるときに、再び、自分たちが誰であり何であるかを述べる。洗礼式と聖餐式では、教会の本質が明らかになる。教会とは何か。それは、単に、イエスの生き方に浸り、彼と共に食事をし、彼と共に父なる神に祈るように招かれた人びとのことなのか。

これら二つの儀式の起源は、イエスが弟子たちに行うよう指示したと新約聖書の中で記述されていることにある。死の前夜、イエスは、彼らにパンとぶどう酒の食事を今後も繰り返して行うように指示される。なぜならば、自分はその間ずっと彼らと共にいるからだと言われる。聖マタイによれば、復活後、すべての国の人びとに洗礼を行うように、弟子たちに指示される。以上のことから、洗礼式と聖餐式は、大部分のクリスチャンから教会の最も重要な儀式であると見做されている。大部分のクリスチャンは、また、他の行事も決定的に意義のあるものと見做している。たとえば、サクラメントがある。サクラメントは、教会が何であるかを示し、神の恵みによって、教会のあるべき姿を改新する。例えば、結婚や、生涯かけて公に宣教活動をするように召された人びととの叙階などの儀式がある。しかし宗教改革後、プロテスタントを名乗る人びとが、洗礼と聖餐は他の儀式とは異なった次元であるべきだと主張した。その理由として、それらは聖書の中で明確に命じられており、教会の最も基本的な事実を扱っているという主張であった。

確かに聖餐式は、実際上、信徒を結び合わせ、また、アイデンティティを与える重要な活動であると、全てのクリスチャンから見られている。新約聖書では、聖餐式は「誓約」の食事として紹介されている。そう言えば、旧約聖書では、食事は、神と神の民との同盟を固める生贄と関連付けられていた。そのため、生贄となる動物が殺され、それは、神と民との平和をつくるための贈り物とされていた。その時、動物の肉の部分が皆に分け与えられ、民と共にあるという神の約束を更新または確認することが祝賀された。そして動物の血が聖なる場所に注がれた。イエスの死は、平和を決定的にもたらす賜物と言える。イエスは自らの死後、私たちが分かち合う食事は、平和をもたらした賜物を受け取っていることになると、言われているように思える。それは、生贄の牛や羊の肉を食べることによって平和がもたらされるのと似ている。聖餐式での食事は、犠牲となったイエスの体と血であるが、その血は、祭壇に注がれたり、人びとに振りかけられたりすることはない。それは、彼らによって飲まれる。これは、当時のユダヤ人にとって非常に衝撃的なイメージであった。何しろ、彼らは血を飲むことを禁止されていたからである。禁止の理由は、血を飲まないことは、いかなる生き物にも見られる、いわゆる「生きる原理」であると考えられていたからである。イエスは、誓約の概念を更に進められた。即ち、「この血」、「この命」は、私たちが自分自身の命の中に取り入れなければならないものであり、外から私たちを作り変えるものではない。

「最後の晩餐」でイエスは、翌日に流される血のことを「誓約の血」と言われる。その時、自らを記念してパンとぶどう酒を食することは、神の約束（旧約聖書にある感謝の生贄の食事のように）を新たに思い起こし、それを確かなものにすると言われている。そして、それをすることは、常に、イエスの死という一つの出来事を思い起こし、それを再演することであり、それは単に頻繁に繰り返される一連の儀式ではないというのが、非常に難解な「ヘブライ人への手紙」の主な主張である。ここに、全ての中で最も正確な意味をもつ平和の配当が見られる。なぜならば、私たちは、イエスの生き方を私たち自身の生き方の中に受け入れることを通して、彼の死から恩恵を受けているからである。それは、実際には、パンとぶどう酒という物質的なしるしの中に、また、それを飲食する行いに伴う信仰と信頼の中に表れている。

よく知られていることだが、聖餐式について、これまでクリスチャンは、大変に複雑な状況と激しい論争を展開してきた。今日、聖餐式を理解しようとする人は誰もが、複雑で危険な迷路を通り抜けなければならない、あるいは、そのように見えるかもしれない。しかしすべての人が基本的と認めるものがある。そのうちの一つは、誓約という概念であり、それは再び思い起こされ確約される約束である。一八世紀に讃美歌を書いた偉大なプロテスタント著述家アイザック・ワッツとフィリップ・ドットリッジは、聖餐式のパンとぶどう酒のことを「誓い」、「神聖な誓い」と呼んでいた。誓いとは、何かが約束されたしるしであり、後ほどそれを楽しむことになるという確実な言明である。そのようなことが、少なくともパンとぶどう酒について言える。それらは目に見える約束のしるしであり、イエスを介して享受する神との交わりの前兆を意味する。

しかし、聖餐式については、これだけでなく是非とも補足説明するべきことがある。勿論、それは、「最後の晩餐」でイエスが言われた神秘的な言葉「これは私の体である。これは私の血である」である。このことを考え始める発端として、イエスがパンのことを次のように言われたと想像してみよう。「これは、『また』私の体でもある。これは、私の文字通りの体と血だけでなく、私の命とアイデンティティをも担っている」。イエスの体について、私たちはこれまで安易すぎるほど多くの議論に巻き込まれてきた。それらは、あたかもマジックのようにイエスの体が聖餐のパンに入れ替わったような議論である。しかし福音書の力点は、イエスという実在が、いわばパンとぶどう酒にまで「拡張した」と言うほうが妥当であるように思える。特に、ヨハネによる福音書第六章にある「わたしは命のパンである。(中略)これは、天から降《くだ》って来たパンであり、これを食べるものは死なない」と合わせて読むと、そのことが分かる。パンとぶどう酒は、また、イエスの命、即ち、彼の本質を支え伝える。それらを食することによって、信徒は、文字通りの体と血の中にあるもの――御子なる神の輝かしい行いと活力――を受け取る。それらは、イエスをイエスたらしめる活力である。

この「拡張」の意味は、イエスのアイデンティティの中にパンとぶどう酒が含まれ、その結果、彼の存在がそれらの中にあるということであり、拡張はいかなるマジックによっても起こるものではない。実は、聖餐式に関するキリスト教の考えは、その長い歴史を通じて、聖霊の活動と関連がある。新約聖書には、聖霊はマリヤの懐妊によってイエスを世に出したとある。また、聖霊は、神によって受け入れられた人びとすべてを「生まれさせ」、彼らがイエスの声を通じて祈ることを可能にする。聖霊は、また、パンとぶどう酒の上にいわば「影を落とし」、それらを新しい活力で満たす。このような考えが、サクラメントについて、特に東方正教会のクリスチャンの考えの中で強調されている。彼らは、西方教会のクリスチャンが、このような考えを軽視していると非難することが多い。東方正教会のクリスチャンにとって、礼拝での重要な時は、「最後の晩餐」で起こったことを単に朗誦するだけではなく、それに続く祈りである。その時に、聖霊がパンとぶどう酒を変えるように祈る。

次のようなパターンが徐々に見えてくる。聖餐式に参加するとき、私たちは洗礼を受けた信徒として祈りを捧げる。つまり、私たちは、聖霊が私たちの命に入ってくることによってイエスの生き方に「しっかり浸って」いる信徒として祈る。従って、私たちの祈りは、いわば、イエスの祈りの中に投入され、吸収されている。私たちは、聖霊という賜物によってイエスのアイデンティティを身にまとい、父なる神の前に立ち、パンとぶどう酒を敬虔な気持ちでイエスの手に捧げる。その目的は、「彼の」祈りがそれらの上になされるためである。その祈りは、パンとぶどう酒がイエスの体と血になるように願うことである。イエスが祈りの中で望まれることが起こるのは、御自身が聖霊の活動を完璧なまでに伝達する働きをしておられるからである。従って、パンとぶどう酒は、聖霊によって変えられて、私たちのもとへ返されてくる。それにより、私たちは、より一層私たちの本来の姿らしくなる。また、神がご自分と私たちの間に創造された絆が確認されることになる。

「ユーカリスト」――「感謝の式典」を意味する最も古く最も意義深い名前の一つ――に参列した会衆は、火の真ん中に立っている。それは、旧約聖書のダニエル書（第三章）にある燃え盛る炉に投げ込まれた三人の若者を彷彿とさせる。その不思議であり素晴らしいストーリーの中では、彼ら三人のユダヤ人の若者は、バビロンの王によって迫害され、火の中を歩いているが、何の損傷も受けていない。なぜならば、「神の子のように見える」四人目の男が彼らと共に歩いているからである。同様にして、私たちも、また、自分の仲間に入るように歓迎してくださった永遠の神の御子に付き添われて神の愛の火の中を歩いている。さらにもう一つの旧約聖書のイメージ（出エジプト記第二四章）を使えば、イスラエルの長老たちが、契約の血が流された後、聖なる山に登り頂上で神を見て、食べ、また飲んだように、私たちも、また、神を見て、食べて、また飲む。また、教会の歴史では、詩人であり説教者でもある人物が、預言者エリヤの捧げものに、主の火が天から降って焼き尽くす（列王記上第一八章）と書いている。聖餐式は、本当の「聖霊降臨的な」経験である。それは、使徒言行録第二章で聖ルカによって語られている教会のストーリーの冒頭の「聖霊が降《くだ》る」にある大きな出来事である。使徒たちが、復活されたキリストから言われたように、一同が一つになって集まっていると、突然、激しい風が吹いてくるような音が天から家中に響き、炎が一人ひとりの上にとどまった。すると、一同は聖霊に満たされた。

聖餐式でパンとぶどう酒を受け取るとき、私たちは、クリスチャンとは何であるか、また、教会とは何であるかという核心に最も近いところにいる。私たちは、イエスの祈りのパワーの中に立っている。そのように立っている理由は、私たちが復活されたイエスから招かれているからである。それは、ちょうどイエスが、現世におられた時に罪びとを招いて一緒に食事をされたのと同じである。聖霊の導きによって祈る。そして、聖霊がイエスの生き方を伝える表現手段にするために作った賜物を、私たちは受け取る。聖餐式は、自分がどのような人間であるかを宣言する時であり、また、信徒として成長する最高の機会が与えられる時でもある。なぜならば、私たちは、イエスと聖霊の導きの下に、神の御業に接する周到な心の準備ができているからである。

古い英国国教会の祈祷書で「主の祈り」は、聖餐式の後に唱えられる。そうするのは、あたかも食べて飲んだ後に、いわば神の養子としての私たちのアイデンティティが刷新されたことを思い起こすかのようである。一方、より最近の礼拝とローマカトリックの伝統では、「主の祈り」は聖餐式の「直前」に唱えられる。その理由として、イエスの食卓で飲食する前のほうが、洗礼を受けて新たになった自己をより充実して感じるという主張があるかのようである。両方の伝統それぞれに論理がある。いずれにしても、聖霊が聖餐式で働いているという中心的理念に基づく論理である。「わたしたちの父」と言う最大の権利と正当性があるときは、パンとぶどう酒が私たちの手の中に、または、口の中にあるときである。その時にローマカトリックの礼拝において常に用いられてきている「主の祈り」の出だしを思い起こすことは参考になる。私たちは臆面もなく「わたしたちの父」と言う。それは、機械的に単調に言うものではない。私たちは、神の善意のお陰で、このように素晴らしく、とてつもないことを言う権利を与えられたのである。

そんなわけで、真の教会とは、次のようなものである。それは、キリストの祈りと賛美に完全に専念し、本来の教会であることのみに徹した教会である。それ故に、ユーカリストについての古代の讃美歌の一つに、世界の終末が到来したとあるのは当然である。

全ての国々が敬愛するアルファでありオメガである主は、
最後の審判の時に私たちと共におられる。

聖餐のこの時点で起こることは、すべてがどこに向かって進んでいるかを知る予兆である。私たち自身、及び、パンとぶどう酒が表すこの世のものは、聖霊の働きの中に取り込まれ、和解や賛美に向かっている。そこには、神の善意と栄光が反映されている。勿論、聖餐式で注意を払っていれば分かるように、このように教会の実体を表明することは、明確な評価の基準を提供することになり、それによって、一つの教会としての私たちを判定することができる。神が意図する教会のあるべき姿とは、次のようなものである。イエスの祈りを唱え、イエスの生き方と権威によって培われているが故に一つに結束している共同体。また、誰もが、等しく、身に余る神のゲストであるが故に平等である共同体。更には、愛すること及び赦すことにおいて神の自由さを発揮し、創造主のみならず万物と平和な関係にある共同体。

きっと他の説教者も同じだろうが、私がしばしば説いてきたのは、聖餐を受けた後に席に戻るとき、隣の人びとを畏敬と驚きの念で見るべきである。彼らは——私がとても好きな人であろうと、全く面識のない人であろうと、嫌いまたは恐れている人であろうと——、神の特別の賓客であり、キリストの祈りを捧げ、キリストの生き方から受け継いだ生き方をしている。式の最中は、彼らは、万物の終わりの栄光に心打たれている。それは私たちも同じである。それ故、聖餐式では、次のような状況になっている。この世の万物、即ち、神からの自然な賜物が、自らの創造力と再生をもたらす愛の効果的なしるしに変わって示されている。また、そのようなしるしが、すべての終末のときも示されることを神は望んでおられる。これらは、溢れ出る愛のしるしである。

聖餐式にはもう一つの要素があり、同じく重要である。クリスチャンが礼拝のために参集するとき、単にパンとぶどう酒を分かち合うだけではない。自分たちがどのような存在であるかを知るためでもある。そのことを知るのは、行いにおいてだけでなく、言葉、ストーリー、歌、とりわけ、聖書というストーリーと歌の中である。教会が真の姿を見せるのは、聖書に耳を傾けているときである。教会が集められる目的は、自分自身の現在のストーリーを聞くためであり、決して単に過ぎ去った時代の人びとの記録を聞くためだけではない。聖餐式では聖なるものを分かち合うが、それが起こるのは、神が世界に対応されているストーリー（神はその中で自らの本質を見せられる）を聞く脈絡の中である。そのストーリーが読まれ、熟考されているときに、私たちは自分たちも同じ脈絡の中にいることを認識する。そのストーリーは、今も、これまで神が招き鼓舞されてきた人びとの交わりの中に生きている。日曜日の集会では、アブラハムやモーセ、エゼキエル、その他の人びとが、目には見えないが私たちの傍らで立っている。私たちは、古代に神と誓約を交わした人びとの一部である。彼らの起源は、はるか遠く見えない時空にまで遡《さかのぼ》り、伝説と叙事詩の中でかろうじて知られているだけであるが、間違いなく実体があり、今日も続いている。今日、私たちが分かち合っている生き方、つまり、聖なる人びとの間で分かち合われた生き方は、想像不可能な過去、換言すれば、青銅器時代とそれ以前の時代の中東の曖昧模糊とした歴史の中で、神が召された遊牧民と分かち合われた生き方である。

このような理由により、クリスチャンは、聖書のことを現世における「神のみ言葉」と言う。言葉は、本来、話され聞かれるものである。聖書が礼拝の最中に朗読されるとき、神が私たちの歴史と私たちのアイデンティティを語っておられるのである。マルティン・ルターは、聖書のことを「あなたたちのストーリー」と言った。その意味において、聖書は、私たちがどのような人間であるかを測る尺度として、常にサクラメントと同列にある。パンとぶどう酒を分かち合う教会が本来の教会であるように、ストーリーに耳を傾ける教会も本来の姿の教会である。

ここで少し時間をとって、聖書についてクリスチャンが誤解しそうないくつかを明らかにするのは意義のあることだろう。よく言われるように、聖書は「神のみ言葉」である。しかし、聖書が「神のみ言葉」と言われる理由は、それが、神自らの主要な証しだからではない（イエス・キリストが神の中心的な証人である）。その理由は、聖書がイエス・キリストの主要な証しだからである。聖書が信徒共同体の中で読まれると、それは聖霊によって用いられて、神の召命が私たちにとって現実味のあるものになる。換言すれば、聖書は、決して、魔術のテキストのようなものではなく、世の中のあらゆることについて確かな情報を神秘的な方法で提供するのでもない。私たちが「霊感」と呼ぶものは、聖霊の伝達手段となる可能性のことで、イエスの存在を私たちの心と脳裏にはっきりとさせ、それによって、イエスが示される課題と誘いを私たちにとって身近なものにする。

これまでクリスチャンの中でもプロテスタントの傾向として、あたかも聖書は、個々人が何よりもまず読むべき本であるかのように考えてきた。このような考え方は理解できるところがある。なぜならば、過去には、一般の人は聖書を個人的に読むことを奨励されず、エリート層の聖職者がそれについて教えることにすっかり依存していたからであった。それでもプロテスタントの主張は、過剰反応であった。なぜならば、キリスト教の初期の時代では、実際には、聖書は共同体で一緒に読まれていたからである。例えば、旧約聖書はユダヤ教会で読まれていた。当時、ほとんどのクリスチャンは、書写された数十巻もある聖書を所有する経済的余裕がなかった。現代の私たちは、聖書のことを両表紙のある単一の書と考えているが、それは、教会の歴史上では比較的後期になってからのことであった。初期及び中世の時代の初頭では、聖書は、多くの巻からなる全集であり、共同体の中や祈り、一般の瞑想会の中で読まれていた。中世後期（注・宗教改革の時期）に異常なことが起こった。聖書が細かい部分に分断されてしまい、テキストが、神の御業の歴史全体を知らせるよりも、むしろ細かい点を証明することに使われていたように思える。ただし、例外的ケースもあった。例えば、聖トマス・アクイナスは、次のように強く主張していた。最も重要なことは、聖書の文字通りの意味と、人びとが神と出合った逸話である。また、時代物の神秘劇は、「全体像」を選択的ではあるが説得力ある方法で表現した。しかし、聖書の全体像の理解には至らなかった。

まず、宗教改革は、再び聖書を教会の中心に据えようとする試みであった（読者個人の手に委ねるのではなく）。聖書は、公的な文書、即ち、教会の生き方の憲章であるべきだと見られた。全ての信徒がそれにアクセスできるべきだと見做された。なぜならば、誰もが教会の共通の言葉、及び、神学と行動に関する教会の規範を知る必要があると考えられたからであった。一六世紀にイギリスの教会の中で鎖に繋がれていた巨大な聖書は、このような意図のしるしとして置かれていた。安価な印刷の急速な発展により、単一の手ごろな値段の聖書が誰にでも入手可能になり、個人的な研究が始まった。誰もが聖書について独自の意見をもつように奨励された。ただし、宗教改革の指導者たちは、そのような風潮からは一線を画していた。彼らにとって、再び、聖書は、祈りと相互の思索の点で解釈に苦労する書となった。

宗教改革の伝統に属するクリスチャンは、聖書をすべての人たちにアクセスできるようにしたことを誇りに思うようになってきた。それは間違ってはいないが、現在、是非とも必要とされるのは、聖書は「一緒に」読まれるべきものであるという意義を取り戻すことである。聖書は、どこで開いても読むことができる一般

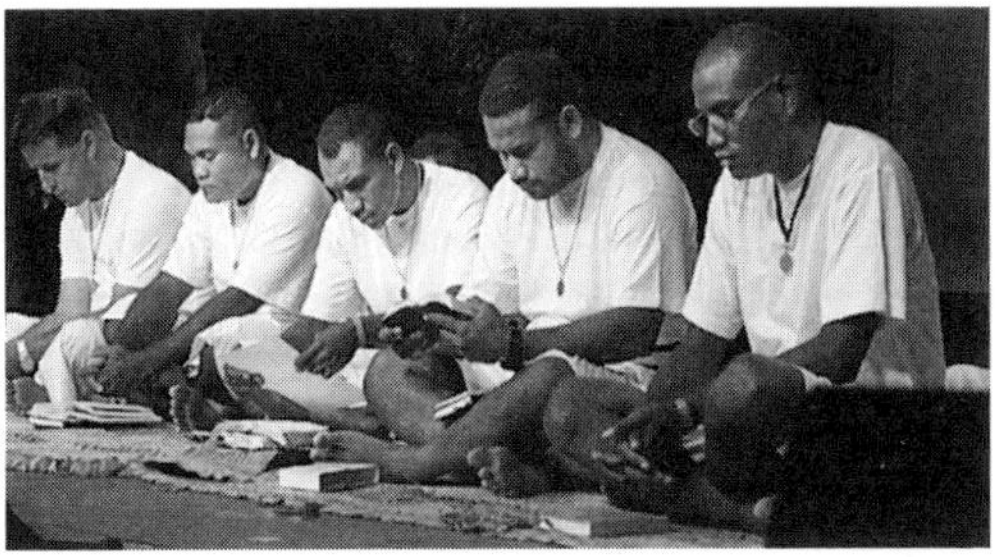

メラネシアの修道士

書とは違う。聖書は、礼拝のために参集する人びとに、神が一人で民を創造された御業の数々を表現している点で、特異な役割を果たしている。それを私的に個人的に読むことは、一緒に読んだ後の次の段階でやるべきことである。個人的に聖書を読むときも、忘れてならないのは、時代を超えた読者と一緒になって読んでいることである。そして、私たちと同世代の人びとのみならず、過去の人びとからも学ぶ心構えが必要である。

ところで、このような考えは、聖書が暗に示唆している内容についての悩ましい疑問を少し解明することになる。もし聖書が、何よりも、両表紙に挟まれた単一の書——本質的には、現代風の本——であり、個人が読むものであるならば、その内容は完全に信頼できるかどうかについて大きな不安があるかもしれない。その場合、聖書に示唆されていることは、あらゆる歴史的または科学的詳細の正確さという観点から、証明され弁護されなければならないことになる。もし正確ではないと証明されれば、聖書のすべての信憑性が損なわれることになる。しかし、別の見方もある。もし聖書が、教会の刷新と改革のために、聖霊によって、首尾一貫して用いられるテキストの集合であると考えるならば——実のところ、教会は、自己評価で自らの信憑性をテストするのに絶えずこれらに典拠している——それが、現代の歴史や科学の基準に照らし合わせて完全に正確であるかという問題は、それほど重要ではない。創世記は、現代の宇宙学者がやるようには、世界がどのように始まったかを教えていない。しかし、創世記を通して、神が、私たちに何を知ることを望まれているかを知ることができる。また、私たちが神の愛と自由によって創造されていることも分かる。ダニエル書は、私たちがバビロンの歴史について知っていることと一致していないかもしれないが、専制的で不信心な帝国においても誠実である必要性を、神は述べておられる。また、福音書にある数々のストーリー（述べられている出来事が起こった頃に書かれた）の細部には矛盾した内容があるが、それは、絶望的なことではない。それらは、神が私たちに知っておいて欲しいと思っておられることを述べている。イエスが、神殿から両替人を追い出した時期は、彼の公の宣教活動の初めであったのか、終わりであったのか。ヨハネによる福音書と他の福音書とは言っていることが違う。しかし、ストーリーの趣旨は同じである。即ち、聖書は、ルターが言う「あなたたちのストーリー」である。

この章で、私は、いわば教会の道徳的勇気、道徳的活力という概念を説明しようとしている。そのような活力は、例えて言えば、順調な結婚に見られる活力のようなものである。更に、説明したいと思うのは、私たちが同じ経験を分かち合っている時が、なぜ必要であるかである。例えば、み言葉やサクラメントによって、私たちがどのような存在であるかを知り、また、たとえ僅かな時であれ、私たちが神の御心に叶う人間に実際に「なっている」ときにも、是非とも、その経験を同じように分かち合える時が必要である。それはなぜか。ニケヤ信経では、以上のことを要約して、教会を「使徒たちからの唯一の聖なる公会」と言っている。教会が唯一であるのは、神の召命が同一であり、神の御子も同一であり、聖霊も同一であるからである。私たちが一つに結束している理由は、自分たちが何らかの満足すべき合意に達したからではなく、父なる神との一つの関係に対して一つの招待があるからである。このような結束は、常に、様々な方法で表現されているが、そのような結束の一部になるには条件がある。一人のキリストのことが、実に様々な形態で表現されているのに気づく方法を身につけなければならない。音楽の例を挙げて言うと、あらゆる変奏曲を聞いて、その基本となる一つの原曲に気づかなければならない。

「聖なる」と見做される教会についても同じである。既に述べたように、私たちが「聖である」のは、何かを成就したしるしではなく、キリストと関係しているからである。私たちが聖なる理由は、イエスが立っておられる聖なるところに私たちが立っているからである。私たちが根ざしている神の国は、神の御子なるイエスが賛美し、愛をもって父に自らを捧げられるところである。ヨハネによる福音書で、イエスは「わたしに仕えようとする者は、私に従え。そうすれば、わたしのいるところに、わたしに仕える者もいることになる」（ヨハネ一二26）と言われている。イエスがおられるところは、父なる神に身近なところである。私たちの生き方がイエスの生き方の中にすっぽり入るとき、そこは私たちの居所である。それ故に、私たちは「聖なる」人間である。

教会は、「カトリック」と呼ばれる。この語は、「普遍的な」という意味である。確かにそうだが、もっと多くの連想がある。カトリックは、単に地理的なことを意味する語ではない。エルサレムにおいて僅かに一二人で構成されていた時の教会は、カトリックであった。四世紀の最も偉大な著述家の一人の説明によると、カトリックの意味は、教会がすべての人間、あらゆる種類の人びとにすべての真理を伝えるということである。ギリシア語では、この語は「一般に適用できる」に近い意味をもつ。以上のように、「カトリックである」教会は、常に、全般のことに関わっている教会であり、信仰という独自の宝物に対して忠実であり、また、文化的にしろ、個人的にしろ、人間経験の多様性全体に関わるように努めている。更には、カトリックは、同じ真理を、すべての種類の人びとに彼らの言葉を使って語り得る潜在能力があることを確信している。このことは、多くの緊張を生む。なぜならば、適切な適用とは何であるかという問題、また、安易なこと、または、流行《はや》りのことに対して何を譲歩するかという問題について答えが必ずしも明確ではないからである。しかし、そのような問題は何も新しいことではなく、以前から存在していた。カトリックであることは、真実を見極めるという難しい問題と共存し、誠実性をもって生きることである。

私たちが「使徒的」教会にいるという認識があるのは、最初の使徒が「遣わされた」(これが「使徒的」の意味である)という事実があったお陰である。私たちに信仰がある理由は、他の人びとが、わざわざ自分たちのいるところへ来てくれ、イエスと一緒になるように招いてくれたからである。私たちは、彼らとの連続性を喜び祝う。しかし、使徒的であることは、単に過去を振り返ることだけではない(私たちはそのような間違いをしてきたことがある)。使徒的であることは、同じ使命をもって行動する、即ち、人びとがいるところへ行き、彼らを招き入れるという召命を認識することである。使徒とは、代理人、スポークスマン、他人に代わって遣わされる人のことである。私たちもそのように遣わされる人になり、自らの意見を言うのでなく、いかにイエスの代弁者になるかを学ぶべきである。

以上のような教会の特質は、キリスト教共同体の実際の歴史を見るとき、かなり散発的にしか見えない。私たちが教会に関してこれらのことを信じるのは、教会の実体について多くの証拠があるからではなく、イエスについて信じていることがあるからである。非常に重要なのは、私たちが教会について述べることは、実際にはイエスのことである。教会では、「彼の」生き方と実体のことを話している。それは、教会の働きの良し悪しとは関係がない。それ故、イエスの生き方は、常に存在し、私たちのアイデンティティの真の中核であると言える。

教会をできるだけ簡素に定義する方法の一つは、世界で目に見える形でイエスが活動されているところである。逆の言い方をすれば、イエスが目に見える形で活動されているところには、教会に非常に近いものが存在しているに違いない。とは言え、目に見える教会、その教え、サクラメントは重要ではないということではない。教会において何が最も重要であるかを知るには、目に見える教会以外を見ることによって少し分かることがある。例えば、教会以外のところで、完全な赦し、または、類いまれな勇気ある希望を示す振る舞いを見るとき、「そうだ。それこそが私の考えている教会とその目的だ」と言うことができる。

そして、多分、教会の現在の状態を見て、なぜ私たちはあるべき姿から逸脱してしまったのかという難問を自らに問いかける。そして、私たちは、問題の核心部へ引き戻される。即ち、聖書とサクラメントへ、そしてその生き方がいまも変わらず共同体の中心にあるキリストへ引き戻される。少し悔悟《かいご》することを学ぶ。このような状況は、あたかもキリストの権威と福音の斬新さが、教会の領域を越えて抜け出し、その後、予想外の角度から教会に疑問を投げ掛けているかのように思える。聖霊は、創造の時に働き、すべての人びとにキリスト的な振る舞いとキリスト的な人間関係を目指すように勧める。聖霊は、時には「誓約にはない」異例な方法で、突然に現れる。私たちはそれに気づき、それから学ぶ謙虚さをもたなければならない。次は、私たちが率直に認めるべきことである。今日のクリスチャンは、人間の尊厳、良心の自由、圧政の悪、女性の社会的地位などを当然のことと見做しているが、実は、それらは、これまで主として外から教会に突きつけられていた概念であった。このような事態になったのは、決して教会が間違っていて、世俗社会が正しいのではなく、私たちが自らの言葉と実践にある根本的な意味合いを見逃してきたからである。

では、私たちは、どのような時に教会の本質を認識するのか。時には、教会の外での人びとの言動がその発端となることがある。例えば、イエス自身がローマ軍の百人隊長について言われていることを思い起こしてみよう。隊長は、イエスに僕《しもべ》の病気を治して欲しいと頼む。イエスは、イスラエルのどこを探しても、この男の信仰ほど完全なものは見たことがないと言われる。勿論、そのような話は、決して偶発的で無意味とは言えないだろう。なぜならば、この話の背景には、イエスについての中心的なストーリーがあり、また、イエスから人びとに新しい共同体の一部になるように自分について来なさいという呼びかけがあったからである。教会の本質を認識するには、教会の存在そのものが具体的に「伝わってくる」逸話が是非とも必要である。一九二〇年代にソビエトロシアに行ったジャーナリストが帰国して、愚かなことに「私は未来が見えた。機能している」と言ったという。それは馬鹿げた間違いであった。しかし、神の恩恵によって、私たちも時には「教会が見えた。機能している」と言うことがあるかもしれない。私たち誰にでも具体例があるだろう。私に参考になった例をいくつか紹介しよう。

かつて二〇〇〇年に、負債軽減を求める「ジュビリー二〇〇〇」が、イギリスのバーミンガムで開催され、大規模なデモにより最高潮に達した。そこではG8の国々の経済界の実力者が集まっていた。私たちは、南ウェールズにある私の主教管区から車両二台分の物資を送った。路上にいる極めて多様なクリスチャンの団体――カトリック、ペンテコステ（聖霊派）、極左翼、極右翼――を見たとき、私も「教会が見えた。機能している」と言えると感じた。イエスの名前によって正義を求める真の渇望のようなものが、このようなあり得ない連携を起こし、クリスチャンを結束させた。そのような連携の唯一の行動計画は、神の国の召命であると誰もが信じていることを推し進めること、即ち、神の正義に反することに抵抗することであった。

もう一例を挙げよう。南ウェールズのロンザ渓谷の辺鄙《へんぴ》な丘陵の上に、公営住宅団地ペンリスがある。この地域は、多くの社会問題を抱え、近くの首都カーディフからやって来る困窮した家族の最終の目的地である。彼らは、対応に万策尽きた地方自治体からそこへ「追いやられた」人びとである。この地域は、十代の妊娠、第三世代の若者の就職問題、荒廃した住宅、日常的な社会施設不足などに苦しんでいる。一九八〇年代、合同改革教会を引退した年配の牧師と妻が、ペンリスに移住することを決め、二区画を購入した。一つは居住用に、他は、集会所、リサイクル衣服店、礼拝用のスペースという多目的の利用になった。このスペースは、見事に設計されて、広く静かで、簡素な家具やイコン、ロウソクがあった。そこは、沈黙を楽しめる環境であった。この地域に住む人びとは、買い物に行ったとき「教会」に立ち寄ったとか、集会所にいるとき「礼拝所」を使ったとか、口々に言っていた。そこがそのように呼ばれるのは尤もなことであった。なぜならば、建物全体が明らかに教会であったからである。そこは、見た目にはっきりとイエスが働いておられる場所であった。市当局は、ようやく、明らかに機能不全の地域から人びとを他の地域へ移住させることを決めた。その頃には、この教会は、地域の保健所を開設する際のパートナーとなっていた。端的に言って、この教会は、人間の尊厳とケアのために働いている唯一の中枢の場所であった。また、それは、以前には信頼があまりはっきりと見えなかった環境において、信頼に値する中枢の場所であった。これも、「教会が見えた」と言える好例である。

次に紹介する第三番目の例でも、信頼がその中核にある。最近、太平洋のソロモン諸島は、激しい暴力事件の多発で悩まされている。異なった島々の住民の間で暴力事件が頻繁に起こっている。この島は、聖公会の中で最も際立った修道会の一つ——メラネシアン・ブラザーフッド——の発祥の地である。この修道会は、完全に地域の文化に溶け込み、それと一体となっており、霊的には革新的であった。諸島での数々の紛争の最中にあって、修道会は多様な党派から信頼を受けている数少ないグループの一つであり続けていた。和解に向けての彼らの働きは重要であり、一貫して勇敢であった。しかし、不幸が起こった。二〇〇三年、七人の修道士が、一つの党派によって人質になり、後に残酷にも殺された。この残酷な事件が契機となって、和解への動きが進展した。なぜならば、犠牲となった修道士は、島の住民全体から深く信頼され敬愛されていたからであった。この出来事は、これまで私が紹介した数例よりも明確に、教会の本質にとって基本的なことを証明している。即ち、教会は、私的利害をもたず、神自身の平等で自由な、超党派の愛のある共同体として人目に映る（実際にそのような共同体になれる）潜在能力をもっていることが示された。これも、「教会が見えた」の好例である。

初期キリスト教時代の砂漠の修道士の一人（第二世代の修道士）が言ったとされる言葉がある。彼は、悲しそうに「私はとても修道士とは言えない。しかし、これまで私は修道士たちを見てきた」。彼は、宗教的に熱の冷めた環境に住んでいることを痛感している。最初の熱狂の炎がすっかり衰えていたからである。しかし、彼は、真の修道士とはどのようなものかを知っていた。自分自身の生き方はそのような理想から少し離れていると知っていた。同じことが私たちにもある。例えば、教会のサクラメントの礼拝に参加し、聖書朗読を忍耐強く聞き終わったとき、「教会が見えた」と感じた経験がある。たとえ、翌日にはもはや活動的でもなく、目に見える形で教会信徒ではないと感じるかもしれないが。私たちが、ペンリス地区やメラネシア修道会の話を聞いた時も、「そうだ、教会が見えた」と言える。たとえ、それが、私たちの地区での快適さや混乱からは遠く離れているように見えても。このような体験が与えられるのは、私たちを後ろめたく感じさせるためではなく、感謝――希望さえも――を感じさせるためである。神は、教会を本来の教会らしくする努力を未だ諦めておられない。

様々なサクラメントにおいても、また、苦労の多い礼拝生活においても、同じことが伝わってくる。教会は、神の目的の中にある世界に向かうよう意図されている場所である。教会は、未来であり、「平和な神の国」のしるしである。また、教会は、神が、種々雑多の実在――人間であるなしの区別なく――の行く先を示し、方向づけ、最後には、人間と物質世界が、はっきりと神の栄光を讃える状態に導かれていくところである。教会が失態を犯し、分裂し、妥協するとき、教会は神の未来のために存在するという信念の一部が失われている。一方、教会が十分に教会らしくなるとき、その要因は、教会が、世間的な意味での成功を達成したとか、高い基準の行いを実践したとか、非常に聖人らしい人物を多く輩出したからではない。実際の要因は、神が計画されている未来が教会の中にはっきりと見えるようになったからである。これは、実際には、イエスに内在する生き方が、教会の中にはっきり見えることである。

さて、いよいよ「信経／信条」の最後の部分に向かうことにする。神が意図されている未来は何であろうか。私たちは何をすれば、神の御心と協働できるのか。または、それを挫折させることになるのか。

第六章　愛はいたるところにある

注・この原タイトル Love, Actually は、二〇〇三年に製作された米英合作のロマンティック・コメディ映画の作品を借用していると思われる。映画では、愛がすべての考えられる障害に打ち勝ち、世界の隔絶、偏見と排斥を超えるというメッセージがある。

死者のよみがえりを待ち望みます

聖霊にある活力は、イエスが他の人びとと一緒におられるときに見ることが出来る。また、イエスによって明らかにされた約束と可能性を、聖霊のエネルギーによって、私たち各自がお互いに与え合うときにも見ることが出来る。従って、教会は、聖パウロが「聖霊の交わり」と呼ぶものが存在するところであり、私たち誰もがイエスに「仕える」ところである。人びとが自分たちの本領を精一杯に発揮するのは、イエスの行いを共同体に伝える経路になっているときである――ここで言う共同体とは、まず第一に信仰共同体であり、次いで万物の共同体全部のことである。

従って、教会は、イエスが世界で活動されているのが見えるところである。言い換えれば、教会は、イエスの顔を世界に示し、イエスの生き方――信徒の間に共有されている生き方――を具現化しているところと言ってもよい。もう少し話を進めよう。教会はイエスが活動しているのが見えるところであるならば、それは三位一体の活力が働いているのが見えるところでもある。即ち、聖霊のお陰で、イエスが私たちの中で働かれている。イエスの生き方では、賛美と献身が父なる神に向けられている。イエスの生き方がそのような方向に向けられているという事実を、もし仮にも私たちが無視すれば、きっと、教会について最も重要なことを理解できないだろう。前世紀の六〇年代に「神は死んだ」と標榜する運動が起こった。その運動の中で奇妙な現象の一つは、当事者たちがイエスと彼が具現化する「価値観」には強く傾倒しながらも、肝心なこと、即ち、イエスと「アバ」――彼の父――との関係を回避したことだった。同じく奇妙な現象が他にも見られた。例えば、イエスに憧れ、または尊敬し、見習いたいと思うが、超越的存在の神を受け入れることは難しいと言う人たちがいた。イエスと、彼の源となった神の神秘との関係は、絶え間なくあまねく広がり、時には暗くて苦しいこともあるが、常に決定的なものである。従って、イエスのストーリーから、超越的存在である神との関係を抜いてしまうことは不可能である。

教会の中にいるのは、神の命の真っただ中にいることであり、それを、イエスが私たちのために明らかにされる。例えば、神の命が注がれ、戻され、分かち合われ、また、賜物が授けられ、それに対して感謝が返され、再び、溢れ出るほどに授けられる。また、私たちは父と子と聖霊からの愛の三重のリズムの中にある。これらは波であって、私たちが使徒的な生き方をしようとするときに押し寄せてくる。ただし、そのような生き方は、決して過去の遠い人物の模範に従うことでもなく、また、単に現代の縁遠い人物の模範に従うことでもない。むしろ、それは天地万物を支えているリズムに参加する生き方である。教会での生活を考えるとき、多分、一つの共同体の一員になるというよりも、神の愛情深い活動の圧倒的な流れの中を泳いでいると解釈すればよいだろう。そして、少し後で見るように、このイメージが、私たちが祈るときに何が起こっているのかを、より正確に考える一助になるだろう。

教会が存在するところでは、三位一体の働きが見える。最近の神学では、多くの人が、教会は「三位一体のイメージ」であるという考えを重視してきた。そのような見方は、教会を、統一性と多様性のバランスのとれた実体として見るという非常に効果的な方法を提供してきた。いや、むしろ、教会は、神の御業が多元的に織り合わさったものから成る統一体として見ることができる。更には、教会は、個人にアイデンティティを与える要素が、個人が関わる人びとの他人性と常に互いに固く結び付いている環境であると見ることもできる。神の命についても言えるように、教会においても統一性のほうが多様性よりも先にあるとも、逆に、多様性のほうが調和よりも先にあるとも言えない。両者は同時に存在しているからである。

これまで教会について豊富なイメージと概念を書いてきたが、ただ一つ用心することがある。神と教会は、「親交関係にある」二つの命であると考えてはいけない。教会での私たちの生き方が今日あるのは、私たちが神という永遠の存在の中に取り込まれているからである。イエスは、祈りに溢れた関係を神と保っておられる。私たちは、聖霊に導かれて、その関係の真っただ中に入っていく。そのお陰により、教会の中での親交の関係、及び、他の被造物との親交関係が存在している。また、三位一体と言っても、神の三つの位格の交わりでもないし、また、教会も数十億の人びとの交わりのうちにあるのでもない。教会での人間の交わりは、神という絶対的な「多様性の中の統一」に絶えず徐々に深く引き込まれている関係である。とは言え、このような概念は、いつまでも私たちが理解できないままだろう。神の三つの位格は、人間よりも大きくそして格上げしたものであると考えてはいけない。

どのような言い方で始めても、教会の基本的な真理は明確である。教会の生き方は、単にイエス・キリストだけに向けられているのではなく、行いと愛が織り合わされたリズム——イエスはその中におられる——にも向けられている。換言すれば、教会の生き方は、神という三重の愛のリズムに向けられている。それは、「Love, actually」という理念である。その理念には、私欲のない神の愛と賜物という永遠の実体が確認できる。ただし、それは、教会の「日常的な営み」——しばしば当惑するほど劣悪な状態にある——の中では必ずしもいつも見られるとは限らない。それは、教会が、存在意義を自ら表明する際の儀式と言葉の中で見られる。上記の理念が、聖餐式、神のみ言葉を聴き、授かる集い、バーミンガム、ロンザ渓谷、メラネシアなどのいくつもの共同体の中で現れるとき、「主の祈り」中の願い——「みこころが天に行われるとおり地にも行われますように」——が、いわば叶っていると考えられる。

もっと大胆に言えば、そのような状況では「天国」が見える。教会は、天国にルーツがあり、その真のアイデンティティと居所は、天国にある。それ故に、聖パウロは、フィリピの信徒への手紙の中で、クリスチャンの「本国」は天にあると言っている（三20）。第三章を思い返すと、そこではイエスが新しい世界の住民となるように人びとを招かれているとあった。天国がはっきりと見えるのは、教会が本当に教会らしいときである。それは、多分、私たちの直感に少し反する考えかもしれない。しかし、それが聖書に示唆されている教会のイメージである。とは言え、教会は、現世では実際にしかも具体的に存在しなくなるというのではない。それどころか、天国がはっきりと見えるのは、教会が世界――自らはそこに住んでいる――を変革する働きにはっきりと打ち込んでいるときである。

一〇世紀に起こった最初のロシア人クリスチャンの回心に関する有名なストーリーがある。キエフ大公の一団が、いろいろな国々を歴訪し、現地の宗教を調べていた。彼らがトルコのコンスタンチノープルに着き、アヤソフィア大聖堂での礼拝に出席したとき、彼らは、「自分たちは天国にいるのか、地上にいるのか分からない」と言った。まさにそうであっただろう。例によって、彼らには「教会が見えた。それは機能していた」。あの時、彼らは天国にいたという意味である。

このことは、「信経／信条」の中で、なぜ教会を信じるかを表明するくだりから、死者のよみがえりと永遠の命を主張することへと移行していくのかを説明する一助となるかもしれない。教会の存在理由について筋が通るのは、私たちを平和と賛美の生き方に順応させるために教会が存在していることが私たちに分かるときである。更に言うと、教会を通して、三位一体の神の活力が万物に浸透し、それを方向づける雰囲気の中に、私たちが導かれていることが分かるときにも教会の存在理由が明らかになる。それ故に、私たちの最終の運命について、あのような宣言（注・「死者のよみがえりと来世の命を待ち望みます」）に移っていくのは当然のことである。しかし、その際に注目するべきことは、私たちは、一般に言う「永遠の命」換言すれば「不死」への信仰を宣言することを求められていないことである。使徒信経では、これは非常に驚くべきことである。なぜならば、私たちは、「体の復活」、いやむしろ原典によると「肉の復活」を信じますと宣言するからである。もしほとんどの人の頭の中に、宗教が私たちに「死後の命」を信じることを求め、自分は死ぬと空に向かって昇っていく（幼児期からの漫画のイメージ）という曖昧な考えがあるならば、体の復活という表現は、少々衝撃的である。はたして、私たちは自分の骨、身、髪が天に昇り永遠の未来をもつことを本当に望んでいるのだろうか。また、そのような言葉は何かしら気味悪くないだろうか。

体の復活は、現在の風潮では、説得力をもって述べることが最も困難な教義の一つである。私たちの社会は、見事に物質主義的である。しかし、物質である体に対して本来的な敬意をもたず、あたかも体が、単に精神と意志から成るアイデンティティを包み込む外袋にすぎないかのように想像しているように思える。人間の胎児――身体的な人間組織体であるが、いわゆる精神と意志がまったくない——について混乱した思考に陥り、それは通常の人間の「権利」がないと即断してしまう。キリスト教信仰によれば、神は、この物質的な世界にいる私たち——物質的な体——に出合うために来られ、物質的なものと物質である人間を利用して、自らの存在と本質を伝え続けておられる。従って、神と共に生きることが、自分たちの物質的な生き方を全く回避するとは考えられない。聖書には、天国における神との生活についてはほとんど述べられておらず、聖書の最後の書、ヨハネの黙示録にもあるように、創造の再生、「新しい天国と新しい地」に関する話のほうが多い傾向にある。神と共にある命は、実際には、私たちが今住む世界と共通したものがある「世界」での命のように思える。

とは言え、ここが難しい点である。私たちの想像力が働き始め、私たちは新しい世界、私たちが真に住みたく思う世界を思い浮かべる。ただ、当惑するような陳腐な内容を想像することが非常に多い。一部の教派による出版物は見た目に美しい装丁になっており、時々、新しい天国と新しい地の絵がある。それらは、聖書の真の意味を説明しようとしているが、実際には、悪趣味極まりない休暇旅行のパンフレットのように見える。実際には、永遠の命を考える道筋のあちこちには、動物の糞や象の罠（注・汚く危険なものの比喩）が見られる。しかし、それらとは対照的に、聖書と使徒信経には、「体のよみがえり」、新しい世界がある。では、天国についての伝統的考え方に配慮しながら、天国についての誤解を避けるにはどうすればよいのだろうか。

多分、いの一番から始めるのがいいだろう。そもそも、私たちを私たちたらしめている理由は、私たちをそのようにさせる状況に住んでいるからである。それは、人間的でもあり、非人間的でもある状況である。既に見てきたように、私たちが人間共同体及び物質的環境（注・天地万物）との間に維持する関係は、信仰生活にとって不可欠であり、それは決して補足的なものでもなければ、なくてもよい贅沢な関係でもない。私たちが聖なる人間であることは、他の人びとと世界の諸々のことに関わり合っているということである。私たちと神との関係が目に見えるか、見えないかは、私たちがその関係をどのように日常的に実践して生きているかに拠っている。従って、もし、私たちの肉体的な死の後も蒸発してなくならない神との命が存在することを信じるならば、その命（生き方）も、やはり依然として天地万物との脈絡の中にあるに違いない。即ち、それは、私たちと天地万物との関係が、神の三位一体の愛の中にしっかりと繋ぎ留められ、そのような愛がはっきりと見える世界での生き方である。

それが、どのような意味であるかは、文字通り、神のみが知っている。しかし、それは私たちの信仰の課題の本質でもあり、また、約束でもあるように思われる。福音は、総体としてまとまった私たちを重要視している。また、福音は、新しい世界を約束し、また、体を備えた救い主の中心的なストーリーに私たちを導く。そのストーリーでは、イエスの骨と肉は、地上に残されず天に昇り、現世の命との継続性をはっきりと保ちながらも非常に異なったものに変貌する。イエスの復活と神との永遠の命への希望は、一つの約束の基盤になる。私たちは、本来、共同体との脈絡の中に生きている存在である。神は、私たちに本来の姿を捨てさせてまで、私たちを贖うことをされない。もし神が、死後にも私たちに寄り添ってくださるなら、私たちの全体の部分に寄り添ってくださるのであって、決して、特別に保護された「不死」の部分にだけではない。神と共にある命が何であろうとも、それは、私たちが今知っていることより抽象的でもなく、かけ離れたものでもない。

ジェラード・マンリー・ホプキンズは、有名な詩『自然のたき火』を書いた。その中で二つの現象が対比されている。まず、物質的世界の急速に進む変化と潮流が描かれている（まるで「雲のようなタンポポの綿毛、羽毛の房、枕の羽毛」）。そのような世界の中で、人間の命も他のものと同じように盛衰を繰り返す（「人間の痕跡はまったく見えず、広漠とした空間はその痕跡をぼやかし、時の経過もそれを平らにならしてしまう」）。上記とは対比的に、稲光のような復活のことが描かれている。

すると突然、復活の光が輝く。
一瞬のうちにラッパの音が鳴り響き、
突然に私はキリストその人となる。なぜならばキリストも、かつては私と同じ人間だったからである。
この何の変哲もない人間、取るに足らない人間、木っ端人間が、不滅のダイヤモンドになる。
それはまさしく不滅のダイヤモンドである。

現世を生きている時には、将来の「不滅のダイヤモンド」は、自らの本質の雑多で変哲もない要素と密接に繋がっている。そして、復活が起こると、他の全ての部分がそぎ落とされるのではなく、「ダイヤモンド」が、全ての部分を取り込む。つまり、ダイヤモンドは、決して生き残った私たちの断片部分ではない。ここで暗示されているのは、ダイヤモンドとなる私たちには、人間的本質の総体の中で神と関係をもつことができる貴重な可能性があるということである。

これまで、しばしば「教会が見えた」を天国の期待と関連づけて考えてきたが、このことは重要な意味をもつ。なぜならば、それは、本質的には、天地万物の経験そのものであるからである。天国を描写することはできないかもしれない、いや、実際にはできない。しかし、「天国は、およそこんなものだろう」とは言える。もしキリスト教は魂の不滅を信じていないと言えば、人はかなり衝撃を受けることがあるだろう。しかし、聖書と伝統の中で「不滅の」命のことが語られるけれども、死のない存在が、私たちの実体の或る特定の部分だけに授けられるわけではない。そんなことは、まるで私たちの中には未来のない部分と未来のある部分があり、また、はっきりとした物質的な部分と漠然とした霊的な部分とがあるかのようである。私たちは、「人間」（それ以下ではない）として、神と一緒の未来に与る。寿命が限られた物質的な関係において神から私たちに授けられる命は、物質的な部分と霊的な部分すべてを包括している。そして死後の世界にあっても、何も失われない。

私たちは、自らの存在の中に、或る生まれつきの特徴――生まれつきの不滅な魂――があることを願っているのではない。確かに、不滅の魂は、教会の初期の世紀では、当然のことと考えられるようになり、今日、このテーマについてよく聞き慣れていることに大きな影響を与えた。しかし、聖書の中で述べられている希望は、私たちの命のいかなる特定の部分とも全く関連なく、神が自ら創造されて全部分が備わった私たちに対して誠実に専心しておられることに関係している。もっと古い時代のクリスチャンを正当に評価しなければならないことがある。彼らは、普段、魂の不滅を「確かに」想定していたけれども、復活という、より大きな約束を視野に入れていた。例えば、中世では、死後の魂が、「最後の審判」の時に体（物質）と再び結ばれるのを待ちきれず苛立っていることが書かれている。この現象を解明するために複雑な理論が構築されたが、受け入れる必要はない。当時のクリスチャンは、人としての永遠の命を希望していた――亡霊としてではなく――ことが分かる。

そして、既に述べたように、これを解明する鍵は、再度言うが、「信頼を寄せるに相応しい」神を信じることである。これまでの考察の最初から今に至るまで一定の行動パターンが見えた。それは、被造物に対する神の献身的な姿である。神は、自らが創造し、愛し、助けてきたものに対して完全に専念され、また、その活動と目的は、私たちが栄え、癒されることに向けられているることが分かる。このことは、神は、死後も私たちを見放されることはないという将来像と完全に一致する。神は、私たちを造られ、（もっと重要なことに）イエスの愛情ある行いをとおして、自分のものとされた。そのような私たちを見放すことはされないだろう。究極的に言えば、クリスチャンが永遠の命を信じる理由は、自分たちには生まれつきの不滅の要素があると信じているのではなく、神について信じることがあるからである。そして、もし永遠の命を信じることが、神についてこれまで知られていることに基づいているのならば、「死後の命の証拠」とか心霊の研究にそれほど関心をもつ特別な理由はない。そのような研究は、それ自体では非常に興味深いものかもしれない。または、時には脅迫観念的な不安のしるしとなり、福音にある真の課題から危険なほど逸脱するかもしれない。しかし、それは、聖書に見られる永遠の命についての見解とはあまり関係がない。私たちにとっての課題は、今、自分たちの真っただ中にある神の真理、即ち、イエスについての話の中にある神の真理に面と向かい、それに正直に、悔い改めて、喜びをもって応えることである。

「正直に」、「悔い改めて」、「喜びをもって」――これは、難しい組み合わせである。従って、上記のことは、はっきりと、また、直ちに実現するものではない。さて、少し前に「審判」の意味について考えたが、神との永遠の命の話題に深入りする前に、ここで少し審判について考えてみよう。既に見たように、キリストの来るべき裁きの日は、私たちが、日々、認識すべきことであり、決して将来に起こる、かけ離れた神秘的な見通しではない。それどころか、毎日、神の真理に心を慣らしていかなければならない。

そして、神の真理に抵抗する私たちの防衛的態度がついに払拭されるとき、何が起こるか。換言すれば、私たちが、何か想像できない局面に陥って、自らの現実と他の現実から目を背ける戦略がなくなり、現実的に神と向き合わなければならないとき、何が起こるのか。いかにして、現状のままで神に自分をさらし、自分の認識に向き合うか。新約聖書は、このことについて「衣を剝ぎ取る」と言っている。聖パウロは、私たちの最後の運命について、次のように言っている。それは、自分たちが築いてきた、または達成してきたと思ったこと全てが無残にも破壊され（コリントⅠ三11―15、コリントⅡ五1―5）、新たにキリストの命という新しい「衣」で身をくるむことである（コリントⅠ一五53―54）。死とは、私たちと神との間にあるものが除去されることを意味する。しかし、希望もある。もし現世でイエスと共に生きることに馴染めば、何かが「築かれ」、それによって神の真理に面と向きあう恐怖を乗り越えることができるかもしれない。例えば、聖ヨハネの最初の手紙の言葉を使うと、真理が、ある程度、「わたしたちの内」（ヨハネの手紙Ⅰ一8）になければならない。ある次元で見れば、私たちは丸裸で無防備の状態にあり、何かに訴える手段もなく身を隠すところもない。しかし、私たちは衣、即ち、身を守るのに必要なものを授かっていると信じている。

従って、キリスト教で最も原始的な形の洗礼では、衣服を剥ぎ取り、体を水に浸し、再び衣服を着ることが起こったのは偶然ではなく、それには根拠がある。イエスの仲間に入る人は、防御するものを手放し、死という水の下に姿を消し、光と栄光に包まれて再浮上する。古代シリア語で書かれた世界で最も古いキリスト教の讃美歌集『ソロモンに寄せる叙事詩』では、いつも、信徒たちが光に包まれ王冠をかぶっていると描かれている。パウロの単純で強力なイメージでは、彼らは「主イエス・キリストを身にまとった」（ローマ一三14）とある。

しかし、パウロがコリントの信徒への手紙Ⅱで言うように、イエス・キリストを身にまとう前に、何かを剝ぎ取らなければならない。カンタベリー大聖堂には、チルチェ大主教の一五世紀の墓がある。その上に聖衣をまとった大主教がいる。その下に虫に蝕まれた裸の死骸がある。それは、身が引き締まる光景である（大主教たちにだけではなく誰にとってもそうである）。死は、誰もが行き着く裸体状態であり、神と対面するときの精神的な剝ぎ取りであることを思い起こさせる。それまで私たちが築いてきたアイデンティティ、まるで着心地のよいガウンまたはスーツのように身を包んできたアイデンティティは解《ほど》けていく。そして私たちの奥深くあるもの、私たちが最も望むもの、私たちが最も気にかけているものが顕《あら》わにされる。それについて不安を感じるのは無理もない。これまで神の審判という言葉がキリスト教の歴史のある時代を特徴づけ、節度を欠いて、またはヒステリックに使われてきた。私たちは、そのような使われ方を大いに嫌悪する。そうとは言え、神の審判の前に正当な不安感があることを軽視するのは間違いである。私たちの大部分は、恐らくかなり高い率で自分たちのことが分かっていないので、この正念場（注・最後の審判）について非常に身が引き締まる思いになる。

これまでキリスト教の巧みな表現技法は、死の恐怖をうまく利用して、限りない恐怖心と悪夢を焚きつけてきた。勿論、そのような状況から脱したことは好ましい。信仰が心配と過度に絡み合わされると、それは大きな曲解となる。しかし、神の前で（精神的に）裸の状態になるのは辛いという認識があっても、それは当然である。なぜならば、真理と直面するのは、実際に辛いからである。次のような反省の弁を述べたときのことを考えてみよう。「私は自分を誤魔化していた、なぜあんなことをしたのか分からない、思っていたよりも大きな迷惑を与えてしまった」。このような反省をしている時は辛い。更に苦痛なのは、誰かから自分について何かを指摘されたとき、それから隠れたく思い、相手を黙らせたくなるときである。東方正教会祈祷文は、「キリストの恐ろしい裁きの前でのよい答え」を求めて祈る。確かに、そのように祈る価値はある。特に、そのような「よい答え」は、私たちの擁護者になることを約束した人——真理が具現化されたお方——によってのみ与えられるという認識があれば、なおさらその価値がある。

ある有名な神学者が、かつて、次のように言った。聖職者を居住環境でトレーニングする正当な理由は、共同で生活することによってお互いが自由にものを言えるからである。時には三〇年後になっても冷や汗をかいて目覚めさせるような率直な発言をすることもある。お互いが自らについての真実に気づくのを助け合うことは、確かに聖職者、及び、教会生活全体のトレーニングの一部分である。ただし、そのようなトレーニングは、一部の教会関係者以外には、多分、それほど熱意をもって受け入れられてはいないだろう。なぜならば、「愛に根ざして真理を語る」(注・エフェソ一四15)という大義のもとに、他の人びとを抑えつけ、立場をわきまえさせる口実になりかねないからである。私は、そんなトレーニングよりも、真に聖なる人に接することが、どのようにして必然的に神の真理に気づくことになり、また、どのようにして人間性のありのままの姿やその可能性を見ることになるかに興味がある。これまでの章で度々言及してきたように、私たちよりも深く真理に向き合っているように思える人びとが与える影響は大きい。彼らは、私たちの信仰の助けとなる。しかし、彼らは脅威にもなり、私たちは彼らに激しく反応することもある。真実は、苦痛を与えるからである。実のところ、過ちを犯したにもかかわらず、委縮することなく、神の純粋性と光に面と向かうことができる人はいるだろうか。

言うまでもなく、このような考えが、カトリックの煉獄に関する教えの背後にある。煉獄は、宗教改革以来、教会では物議を呼んでいるトピックである。初期の時代のプロテスタントは、しばしば煉獄の俗説に非難を浴びせてきた。何とか天国に行く資格を得るまでには(道徳的)負債を返済しなければならないという考えは、新約聖書の基本的な希望とは合致しない。ましてや、中世後期の教会がやったことは受け入れられない。彼らは、様々な方法で、煉獄にいる魂のために恩寵を保証することをいわば家内工業（注・恩寵を保証する――一時的罪に対する罰を免除する見返りとして、信徒に献金を要求した活動を比喩的に表現している）にしてしまった。彼らは、煉獄にいる悩める魂に代わって、サクラメントをとおして神に対して「陳情」を組織的に行った。しかし、まず、そのようなことをしたくなる衝動には、必ずや次のような不安があるからである。神と対面するに際して、私たちが複雑で自己欺瞞的な生き方をしている限りは、何らかの苦痛が伴うだろうという認識がある。しかし、私たちは、そのような仲介的な段階を考える必要はない。むしろ、神の愛の豊かさに自らを適応させていきながら、信仰の旅を続けていくことを考えるべきである。それは、別のメタファで言い換えると、肺臓が、新しい大気に対応するために拡大して適応していくのに似ている。

そのような旅の方法や時期について示唆することは役に立たないかもしれないが、キリスト教の詩にそれに最も近い例がある。例えば、ニューマン枢機卿の詩『ゲロンティアスの夢』の中でゲロンティアスは、死後、神と対面し「私を連れて行ってください」と叫ぶ。そして清めの式を受け、神の民の仲間に入る（注・ゲロンティアスは死期が迫って恐怖のあまり祈りを乞う。司祭の導きによって、一旦穏やかな心を取り戻し、この世から旅立つ。死後の別世界では悪魔たちが、彼を堕落させようと攻撃をしかけてくる。ほんの一瞬ながら彼は神の姿を垣間見て、直接に嘆願する）。もっと優しく瞑想的な詩がある。それは、ジョージ・ハーバートの有名な詩『愛』である。その冒頭は、ちょっとしたドラマのように始まる。「愛（神）は私を喜んで招き入れてくださった。だが私の魂はしり込みしていた」。愛から招待を受けているにもかかわらず、私たちは、自分がここ（天国）に招かれているのが信じられない。愛は、私たちを造り、私たちを価値ある存在にしたと言われる。このような計り知れない歓迎を通して、「私たち」は、どのような恩恵に与っているかを思い知らされる。

愛は私を喜んで招き入れてくださった。だが私の魂はしり込みしていた。
汚れと罪のある人間であるからだ。
私の恥に対し然るべき報いがあるところへ行かせてください。
あなたは知らないのですか、と主は言われる、誰がその責めを負ったのかを、
主よ、ではこれからお仕えいたします。
座りなさい、と主は言われる。そして私の出す肉を食べなさい、
そこで私は座り、食事した。

この後に何を追加する必要があろうか。これは、英語で書かれた最高のキリスト教詩ではないだろうか。全ての福音がそこに含まれている。例えば、恥と後ろめたさについての迫真性、また、神の愛が、自己嫌悪、自己不信、恐怖という障害を克服することについて、悲痛な迫真性も描か

れている。詩の最後の行は、何と簡潔なことか。ただ必要なことは、ザアカイやマタイ、マグダラのマリヤ、ペトロが知っていたように、キリストと一緒に食卓につきさえすればいいのだ。

しかし、詩中の「然るべき報いがあるところへ行く」とは、どこのことか。私たちが自ら招いた罰について何が言えようか。或いは、福音は、このようなことを言うのは、きっぱり忘れ去るべきと言っているのか。私たちは、これまでキリスト教の歴史の中で、地獄について愚かで全く邪《よこしま》なことを多く語ってきた。その結果、あらゆる残酷な幻想や情緒的操作にうんざりして背を向けたくなるのも無理はない。しかし、再度言うことになるが、忘れてはいけないことがある。私たちは、真理に面と向かうことに習慣的に気が進まないが、大人としてそのリスクについて正しい認識をもっている。もし生涯にわたって、真理に対してますます鈍感になり、愛を前にして、いわば、両こぶしを開き心を許すことができなかったら、どうなるだろうか。もし真実と嘘の区別がつかなくなれば、どうなるだろうか。

「もし〜としたらどうなるだろうか」という不確定なことは、いつまでも存在する。もし誰かがどれほど深刻に真理を見ることができなくなっていても、私たちはそのことが分からない。もし誰かが深く自己欺瞞の状態に陥ったら、愛に対して永遠に鈍感になるのかどうか、私たちには分からない。C・S・ルイスは、有名な『天国と地獄の離婚』の中で、ある永遠の板挟みにはまっていることがどのような意味をもつかを説明しようとしている。愛を受け入れる可能性がいつも存在するにもかかわらず、自ら変化することの代償の故に怯《ひる》んでいる。また、永年に亘る懐疑心と利己主義のために愛を受け入れることが全く理解できない。これは、寒々とした内容の本である。他人のことではなく、もし自分のことに関することだと悟れば、なおさらそうである。

そして、それが地獄について考える論点である。私たちは、地獄に陥っている人がいるかどうかを知り得ない。しかし、知っておくべきことは、私たちが行う選択が自分を破壊する可能性があるという、尤もな恐怖心があることである。キリスト教神学は、これまで地獄行きは私たちの行い次第であって、決して神が決められるものではないと教えてきた。ただし、多分、一六世紀のカルヴィン派の中の最も極端な信徒は例外であっただろう。彼らは、アダムの堕落前に、神によって罪に定められた人びとがいたと主張した。しかし、彼らでさえも次のように言っただろう。地獄に行った人びとは、彼らの生き方のせいで、神と共に生きる、または、神を経験することができなかった（神を苦痛として経験する以外は）。そうなるのは神のみ言葉に耳を閉ざしてきたからだと。地獄について最も真実味のあるイメージは、神が、閉じられたドアを永遠にノックされているにもかかわらず、私たちは必死になってそれを開けないようにしているというものである。大切なことは、私たちをそのような恐怖と欺瞞の状態にしている要因をできるだけ十分に認識し、今日、それらを神の審判と慈悲の前に差し出すことである。それ故、当然のことながら、自らの務めを果たしているキリスト教共同体は、信徒が大いに悔い改めている共同体であり、他の人びとに悔い改めるようにうぬぼれて呼びかけること――クリスチャンはそれが好きである――を慎み、神の面前では自己監視と自己反省をしているところである。

しかし、奇跡的とも言えるのは、悔い改めている共同体――日々、自らの不誠実さや愛の欠如を認識し、自分たちの欠点に面と向かうことを恐れない人びとの共同体――は、希望について深く語る共同体である。既に述べたように、教会は、成功や美徳の例を首尾一貫して引き合いに出すことによって福音を伝えるのではなく、進んで神に思いを寄せることによって福音を伝える。悔い改めは、教会が人間的な能力と機知を越えた存在に嘆願するしるしとして最も効果的なものの一つである。それゆえ、失敗しても、心身が麻痺することはない。ひょっとしたら、信経に述べられている教会に関する四つの項目に五つ目を追加し、教会は、唯一無二であり、聖であり、公会的であり、使徒的であり、更には、悔い改めている共同体と言うべきであろう。

私たちの文化で最も奇異なことの一つは、あらゆる種類の振る舞いに対して寛容であるように思えるのに、同時に、極めて不寛容でもあることである。一般のメディアは、政治家や著名人の落ち度を容赦なく暴く。また、犯罪者と元犯罪者に対する態度は、しばしば厳しい。人びとは、間違いと手落ちに対して法的な賠償を要求する。マナーや道徳における寛大な雰囲気に誤魔化されてはならない。表面下には、私たちを不安にさせる冷酷さがある。従って、信経の中の教会と（願わくは）実践上の教会は、人の罪を赦す可能性を目指しているが、それは、かなり文化（社会）の潮流に逆行している。

誤解のないようにはっきり言っておきたい。私は、決して感傷的なこと、即ち、安易な同情心に訴えているのではない。例えば、もしクリスチャンが、「あなたはテロリスト爆弾犯を赦しますか」と尋ねられたら、その答えは「勿論、赦します」であってはならない。一つには、誰にも他人を傷つけた人を赦す権利はない。赦すのは、犠牲者がやることである。赦しは、即座に、その場限りでなされるものではない。確かにクリスチャンは、お互いを赦し合うよう教えられるが、赦しは時間がかかる長いプロセスである。このことをクリスチャンは、他の人よりもしっかり認識しなければならない。彼らは、赦しが可能であると言うが、絶対にあってはならないのは、他人に代わって——当人の苦しみを直接に知らないのに——無理に赦すペースを早めようとすることである。また、赦しは、寛大さと混同されてはならないし、許しがたい暴挙を軽く考えることでもない。人間は、自らが被害を与えた犠牲者から赦されることがあるかもしれないが、それでも刑に服するか、他の方法で行為の結果に対して責任をとるべきである。

とは言え、赦しは、関係を回復することであり、不当行為——その大小にかかわらず——の犠牲者との関係のみならず、神との関係の回復でもある。私たちが使徒信経の中で言うように、罪の赦しを信じると言うのは、決して犯した行為が些細なことであるとか、事態は容易に是正されると主張するのではなく、犯した行為が最悪のケースであっても、そのことが神に向かう扉を閉ざすのではないと主張している。失敗と痛みは、私たちではなく神によって是正されるかもしれない。もし神にとってそれが可能ならば、私たちにも可能になるだろう。それは、以前に述べた神の「全能の力」を定義する別の方法である。即ち、神の存在が何らかの影響を与えない状況はない。しかし、神は、私たちに赦すことを拒絶する力を与えられている（ご自分ではそうされることはないだろうが）。罪を赦すことを正しいと信じるのは、大変難しいが、それは、他の何ものよりも明確に、神の栄光と寛大さを示している。ウィリアム・ブレイクは、私の知るところでは、決してクリスチャン詩人の中では正統派の一人ではなかったが、次のように書いている。

お互いの罪を赦し合うことは
天国の扉を開く。

少なくともこの点では、彼は使徒信経の正統な証人であった。何かが可能になると信じて、神に向かい合い、お互いに向かい合う心の準備をしているとき、世界はより大きなものとなる。このことは、酷い痛みと疎外感を受けた人についても言えることかもしれない。私たちの周辺を見渡すとき、信経にあるこの項目――「罪の赦し」――を宣言することが、なぜ今日、地域においても、対人関係、国際関係においても、最も必要とされているかが分かる。

しかし様々な讃美歌と祈りが主張するように、私たちの信仰の目的は、地獄から逃れるためではない。悔い改めることが永遠の命に向かうための重要な準備であることに加えて、賛美することも考えなければならない。神が私たちのために意図されている永遠の命とは、与えること、受けることに喜びのある世界であり、あらゆることに神の栄光と寛大さがあるのを認識することである。すべてのことが、三位一体の活力を示す三つのこと――与える、受ける、喜ぶ――という脈絡の中に包括されている。従って、私たちができる最善の準備は、神からの贈り物と喜びに与《あずか》ることに慣れ親しみ、私たちの心を未来のビジョンに向けて開くことである。聖アウグスティヌスは、最も偉大な著書の一つ『神の国』の中で、天国を、次のような状況であると述べている。「私たちは安らぎ、そして悟るだろう。私たちは悟り、そして愛するだろう。私たちは愛し、そして賛美するだろう。終わりのない終わりに何が起こるのかを見よ。終わりのない神の国に到達する以外に、他にどんな終わりがあろうか」。私たちは、また、真理について、次のような側面にも慣れる必要がある。それは、単に、真理という厳しさだけでなく、その輝きと美しさにも慣れることである。実際、真理の美しさに慣れていく過程で、真理に向かう辛さに対応するための力をつけていく。

キリスト教の伝統にとって、永遠の命は、とりわけ神という真の実体の中にある喜びに与ることである。それは決して何か「絶対的なもの」に吸収されるというのではなく、生きた関係であり、他の何ものよりも個人的な関係である。とは言え、他の関係とは少し異なる。なぜならば永遠の命は、三位一体の活力と喜びが交わされる中心にあるからである。永遠の命に与るには「黙想すること」が求められる。これを聞くとクリスチャンは少し慌てることもあろうが、その意味は、「Love, actually」の理念に順応し始めながら、神の存在の光の中に自らの身を置くことである。

これまで言われてきたように、祈りは、本質的には私たちが神を見ることができるところに行くのではなく、むしろ逆で、神が私たちを見ることができるところに行く、即ち、私たち自身が神の存在の光の中に入っていくことである。その際、自己防衛的態度や変装した姿を捨てて、静かに黙想することである。その結果、神の面前にあるのは、決して演技や変装、自己宣伝や自己防衛ではなく、裸の自分である。それ故に、黙想の道は、いつも光の道のみならず暗闇の道とも言われてきている。神の前でそのような時間をそのような状態で過ごそうとするとき、日頃から私たちに安心感や快適感を与えているものの大部分を手放すことになる。黙想について最も困難な課題は、特に黙想を生涯の仕事とする人びとにとっては、それは役立つとか、即座に妥当とは感じられないかもしれないことである。黙想することは、一連の結果を得るためではなく、真理、即ち、永遠の命に与るためである。

天国そのものと同じように、黙想ではあらゆるものが求められ、あらゆるものが与えられる。それは、一方では、何もかも剝ぎ取られることであり、他方では、ますますキリストを身にまとい、彼の祈りと愛の中に取り込まれることでもある。黙想する人は誰もが言うだろうが、公にはっきりとした形で瞑想という召命に専念する人がいなければ、教会は、萎《しお》れて干からびてしまうだろう。修道士、修道女、隠遁者は教会の中では地味な存在であるが、彼らは、いわば教会の核心部を少し具現化し、私たちが様々な計画やプロジェクトに追われて、せかせかしている状態をはっきりと大局的に見ている。このように永遠の喜びに惜しまない注意を注ぐ生き方は、逆説的になるが、最も心身を消耗させる、厳しい生き方の一つである。しかし、それは、神の真理がいかに価値あるものであるかを示している。

黙想することは、私たちが慣れ親しんでいるイメージを捨て、神について私たちの心の快適領域の中にある概念とイメージを脱することを意味する。更には、私たちが執着しておきたい気持ちから脱却すること、即ち、自己満足していることから脱却することを意味する。そうするのは、惨めさを助長するためではなく、次のような真の喜びを体験するためである。それは、これまで経験したことがないものであり、また、圧倒的なインパクトがある。もしそれまで私たちが日常の快適感と安心感に浸りそこから脱却していなかったら、気づかない喜びである。平凡な日常レベルでは、黙想は、ひたすら座り、最も辛い失望と自己不信に向き合うことを伴うかもしれない。例えば、神から喜びと永遠の成就感に与るように招かれているのに、なぜ自分はここに座って、ぐずぐずして落ち着かず、神がどこにおられ、どのような存在なのかと思い悩んでいるのだろうか。

支えの棒が少しずつ取り外されていく。一六世紀のスペインに、キリスト教の黙想に関する偉大な師の一人「十字架のヨハネ」と呼ばれる人がいた。彼の作品では、黙想のイメージは、ますます深くなる暗黒に入っていく旅であり、それは、想像的にも情緒的にも、行く先が全く不明になっている感覚である。私たちが黙想中に直面するのは、無気力感と退屈感のみならず、衝撃的なほど激しい孤独感と恐怖である。ヨハネが言うように、私たちは暁に向かう前に真夜中を通らなければならない。利己主義と自己満足の最後の片鱗がついに払拭されたときにのみ、神が私たちに与えようと望まれているものを自由に受け取ることができる。そのような時にこそ、神について私たちの心にあるすべての混乱した考え（または少なくとも一部）から脱却し、それによって、神の実在を受け入れる心の余地を作ったことになるだろう。祈りは、私たちの中で、また、私たちのために、神が働かれるようにすることである。

生涯かけて黙想することを求められる人は多くないが、全ての信徒に「実際に」求められているのは、神が私たちのために働かれるのと同じ道筋を歩むことである。それは、現実的には「十戒」の最初と二番目のことを実践するように努めることである。即ち、真の神の前に他の神があってはならない、神に代わって偶像を賛美してはならない。私たち誰もが、自分たちのニーズと選択の不足分を補うために神を少し利用することがある。その場合、真の神に代わり、様々なイメージを作ったり偶像を描いたりする罪を犯していることになる。神は神であり、それ以外の何ものでもない。神には、私たちの様々な期待に迎合する義理はない。その実体は、人間の知力、心、想像力が把握できる以上の偉大な存在である。それ故に、神を受け入れる余地をつくるためには、私たちの心を解放しなければならない。

再度言うが、クリスチャンには、神が三位一体であるという確信がある。それは、次に述べるいろいろな謎の一部と折り合いをつける一助となる。私たちが受けている召命は、永遠の御子と御父との関係の中に取り込まれることである。しかし、三位一体の命は、個人間の外的な関係ではない。従って、神と親密な交流をする関係は、人間どうしの関係とは異なってくるだろう。もし祈っているときに、人間どうしの会話のように、誰かに向かって話している感じがなくとも、それは驚くべきことでもなければ、意外なことでもない。もしキリストと神の関係の中に少し入れても、それは部屋で面と向かって人と話しているような感覚はないであろう。それよりももっと意義深いことが起こっている。それは人間どうしの会話と同じように個人的であり、正真正銘の関係であるが、私たちがどのように感じ、どのように思っているかに完全に依存している関係ではない。むしろ、神の愛が私たちに注入され、私たちを内部から着実に変貌させていく関係である。私たちは、感謝の念をもって変化していく自分自身を確実に認識しながら、成長を続けて成熟した生き方を身に付けていく。更には、そのような生き方は、常に、一途な愛のように感じられる中で、常に手を伸ばし、言葉や考えの向こうにある「他者」を求めている。私たちは、私たちをたらしめている賜物の流入を絶えず受け取っているが、これがどのように働いているかは、通常、私たちには分からない。十字架のヨハネが描くように、キリストの名において祈ることは、見えない愛の潮流に乗って運ばれているようである。それは、認識できることもあるが、大抵は（辛いことだが）認識できない。成長が起こっているのを信頼するしかない。私たちに成長が起こっていることを認識するのは、神が私たちを見捨てられないと信じて、真理と向き合い、自分の欠点を受け入れ、自問を続ける能力が徐々に身についているのを試しているときである。

換言すれば、黙想的な祈りの道は、本書でこれまで考えてきたビジョン全体を成就させることである。その過程を、二つの信経が成文化しようとしている。永遠に価値ある愛を受けるのはどのような意味であるかを発見していく過程の中で、私たちはますます深い信頼に入っていく。それは、マルティン・ルターと弟子たちが「信仰による義認」（注・宗教改革に際し、ルターが腐敗したカトリック教会を批判したときの根本的思想で、聖書と信仰に重きをおく主張）と呼んだことが成就されることである。即ち、私たちを義とするのは信仰である。敷衍《ふえん》すれば、私たちを義とするのは功績や成功ではなく、聖書に書かれている歴史の中には、既に私たちに示され共有されたものがあるという確信である。そのような確信があってこそ、私たちの手を神の手の中に委ねる勇気が生まれる。そして私たちが祈るとき、まさにそれをしている。私たちは、手をできるだけリラックスさせ大きく開き差し出して、神からの歓迎の心づかいを示す暗闇の世界に入っていく。その時、私たちは自由であり、幻想と空想もなく、自分の行っていることに自覚がある。

私たちは「わたしたちの父よ」と唱える。その時、イエスの言葉を口にし、心の奥にイエスの霊を抱きながら神に向かう。また、自己防御となる思いを全て払拭するよう努めながら、更に深く真理に向き合う。その時、初めて、私たちは「わたしは信じます」の意味を理解する。一七世紀の詩人ヘンリー・ボーンは、神には「輝かしい暗闇がある」と言った。その中にあって、私たちは、限りなく人間的になり始める。そのようになるのは、一生涯かけての目標であるが、同時に、賜物でもある（それは授かるものであり、努力により達成したものではない。今後もそうである）。ジョージ・ハーバートの詩で締めくくろう。「祈り」の中で、私たちがどのような世界に密かに徐々に順応していくかが述べられている。

神の息吹が生誕の地に戻っていく人間にかかる。
祈りは魂の血液。
香料の国、祈りは、心にそれと悟られるもの。

監訳者あとがき

私たちは、兵庫県にある日本聖公会芦屋聖マルコ教会の翻訳グループです。これまで三冊の翻訳書を出版しています。それらは、二〇一一年出版の『教会の働きと宣教』（Paul Avis, *A Ministry Shaped by Mission*, 2005）、二〇一三年出版の『なぜ教会に行くの――パンとぶどう酒のドラマ』（Timothy Radcliffe, *Why Go to Church?: The Drama of the Eucharist*, 2008）、二〇一六年出版の『なぜクリスチャンになるの――その意義は何か』（T. Radcliffe, *What is the Point of Being a Christian?* 2005）です。

本書『信頼のしるし』の原典（*Tokens of Trust*, 2007）の著者ローワン・ウィリアムズ師は、二〇〇九年九月二三日の「日本聖公会宣教一五〇周年記念大会」（東京カテドラル聖マリア大聖堂）に来日、説教されました。その説教は、「裸足の宣教」「軽やかな宣教」として、聴いた人々の記憶に永く留められたようです。翌二四日には、長崎の原爆爆心地で各教会の方がたと共に、平和のための祈りを捧げられました。また、二五日と二六日には、大阪の桃山学院創立一二五周年、大学開学五〇周年を祝う「記念感謝礼拝」と「記念式典」にも出席されました。

師は、第一〇四代カンタベリー大主教として、英国国教会の最高位聖職者であり、ローマカトリック、東方正教会についで世界第三位の八五〇〇万の信徒を持つアングリカンコミュニオン（世界聖公会共同体）三八管区の精神的支柱として、世界的にも大きな影響力をお持ちでした。『信頼のしるし』には、ニケヤ信経と使徒信経中の文言を絡めながら、次のような疑問について論じられています。神を信じることにはどのような意味があるのか。世の中に蔓延する多くの災いや自然災害の真っただ中にあって、神は全能であるという意味は何か。イエス・キリストの宣教と復活をどのように理解すればよいのか。教会は、どのような召命を受けているのか。今日の混沌とする世界にあって、キリストの教えに従うとはどのような意味か。

さて、私たちが *Tokens of Trust* の翻訳を思い立った理由は、それに先駆けて、ローマカトリックの修道士ティモシィ・ラドクリフ師の二つの著書『なぜ教会に行くの』と『なぜクリスチャンになるの』の翻訳書を出版していたからです。ウィリアムズ師とラドクリフ師は、教派の違いがあっても、懇意な関係にあるように思えます。このように思うには根拠があります。実は、『なぜ教会に行くの』は、ウィリアムズ師が、ラドクリフ師に、二〇〇九年の大斎節中に信徒の読むべき本（Lent Book）として、執筆を依頼したことから生まれたものです。そして、ウィリアムズ大主教による序文には、次のような一節があります。

今日のローマカトリック教会の中で、最も活動的、かつ、独創的な福音の説教者の一人の作品を紹介できることは大きな喜びである。そして、本書を通して、歴史ある教会同士の間に、どのような緊張や未解決の問題が存在していようとも、教会の使命は一つであり、全く同じであることが思い起こされることを願う。教会の使命は、聖なる三位一体の神が、イエスの生涯と死、復活をとおして、私たちの人間性の核心に触れてくださるようにすることである。

今度は、『信頼のしるし』の翻訳本のために、ラドクリフ師に「序文」の執筆をお願いしたところ、快諾してくださいました。それを読めば、この二人のキリスト教界の「巨人」がいかに互いに尊敬しあっているかが窺えます。実際、『なぜ教会に行くの』には、ウィリアムズ師がいろいろな機会で行った説教が（部分的ではありますが）度々引用されています。また、姉妹書『なぜクリスチャンになるの』にも、ウィリアムズ師が度々「登場」します。

こうなれば、ウィリアムズ師の著書を一つでも読みたくなるには自然な感情です。原著 ***Tokens of Trust*** を読み始めると、ラドクリフ師が上記の著書の中で述べているのと同じ人物、小説、映画が随所にあることが分かります。更に、興味深いのは、『なぜクリスチャンになるの』と『なぜ教会に行くの』で引用されているのと同じ宗教詩が数か所に見られることです。特にお二人が気に入っていると思われる詩は、第六章にあるジョージ・ハーバートの詩「愛」と「祈り」です。英語圏の宗教関係者には有名な作品なので、本書ではその一部しか引用されていません。「祈り」では、多くのイメージが列挙され、その中には「香料の国」、「極楽鳥」、「乳白の銀河」などが含まれ、未知の天地に対する詩人の憧《あこが》れが読みとれます。最後にある「心にそれと悟られるもの」とは、祈りは、直感的に誰の心にも存在するということでしょう。

『信頼のしるし』の最大の特徴は、ニケヤ信経と使徒信経を踏まえながら、軽妙なタッチでキリスト教の概論が展開されていることです。ウィリアムズ師の著述については、とかく難解であるという評判があるようですが、この作品に限って言えば、非常に論旨明快で、読みやすいと思います。それもそのはずで、序文の中で、著者自らが「執筆に際しては、説教のときのように話を幾分談話風に進めるように心がけた」と言っています。また、「信頼のしるし」となる事例――一般の個人、宗教者、音楽家、信仰共同体など――が沢山紹介されています。特にエティ・ヒレスムに関する記述は、心打たれます。彼女はアウシュビッツで命を絶たれますが、「この苦難を生き抜き、このような時であっても神が存在されているという事実の証しとなる人が必要です。ならば、この私がその証しになりましょう」と友人に宛てた手紙に書いています。一〇世紀にロシア人たちがトルコのコンスタンティノープルのアヤソフィア大聖堂での礼拝に出席したとき、「自分たちは天国にいるのか、地上にいるのか分からない」と言った。同じ内容が、『なぜ教会に行くの』にもあります。これらのしるしが見られるとき、著者は、「教会が見えた。それは機能している」――I (We) have seen the Church. It works.――という簡潔な文言で表現しています。

また、本書の内容は、弱い立場の人、人間の尊厳、平和の問題、環境問題などにも及び、ウィリアムズ師が多角的な視野から論理を展開していることが分かります。

岩城聰司祭（日本聖公会大阪教区）には、校閲において多岐にわたる助言を賜り、感謝に堪えない。岩城司祭には数年前、ティモシィ・ラドクリフ著『なぜ教会に行くの』の翻訳書の出版に際して、共同監修者としてご指導を頂いた。

教文館の髙橋真人主任と倉澤智子さんには、企画や校正、日程計画について、多大のご配慮とお力添えを頂いた。あらためて感謝いたしたい。

二〇一七年九月

伊達民和

監訳者　伊達　民和（だて・たみかず）

大阪市立大学文学部卒業。関西外国語大学大学院修士課程修了。キャンベラ大学（オーストラリア）に留学（文部省派遣教員）。職歴として、大阪府立高校英語科教諭（15年で3校）、大阪府教育委員会指導主事（7年）、プール学院大学国際文化学部教授。現在、同大学名誉教授、日本英語音声学会副会長。著書として『英語のリズム・イントネーションのトレーニング法 ― 理論から実践へ』（青山社、1998）、『映画・ドラマから学ぶ英語音法読本』（同、2001）。*English in Singapore ― Phonetic Research on a Corpus*（McGraw-Hill, 2005）、『現代音声学・音韻論の視点』（金星堂、2012）。訳書として、ティモシィ・ラドクリフ『なぜ教会に行くの ― パンとぶどう酒のドラマ』（共同監修、聖公会出版、2013）、同著者『なぜクリスチャンになるの ― その意義は何か』（翻訳・監修、教文館、2016）など。

翻訳者　日本聖公会 芦屋聖マルコ教会　翻訳の会

林　　謙三（はやし・けんぞう）〈代表〉
小池　宣郎（こいけ・のぶお）
佐藤　耕一（さとう・こういち）
伊達　民和（だて・たみかず）
辻　　　潤（つじ・じゅん）

信頼《しんらい》のしるし—信経《しんきょう》とは何か

2017年9月15日　初版発行

著　者　ローワン・ウィリアムズ
監訳者　伊達民和
訳　者　芦屋聖マルコ教会翻訳の会
デザイン　熊谷博人
発行者　渡部　満
発行所　株式会社　教文館
〒104-0061 東京都中央区銀座 4-5-1
電話 03(3561)5549　FAX 03(5250)5107
URL http://www.kyobunkwan.co.jp/publishing/
印刷所　株式会社　平河工業社

配給元　日キ販　〒162-0814　東京都新宿区新小川町 9-1
電話 03(3260)5670　FAX 03(3260)5637

ISBN 978-4-7642-9973-3　Printed in Japan